Volume 2

Brasil
em Questão

A Universidade e a Eleição Presidencial

40 anos UnB à frente!

Volume 2

Brasil em Questão

A Universidade e a Eleição Presidencial

Organizador Geral
Lauro Morhy

Co-organizadores
Marcos Formiga
Regina Marques
Adler Andrade
Tânia Costa

Universidade de Brasília
Laboratório de Estudos do Futuro/Gabinete do Reitor
Editora Universidade de Brasília

2002

Editores responsáveis: Regina Marques
Tânia Costa
Adler Andrade

EQUIPE EDITORIAL
PROF.ª DR.ª WÂNIA DE ARAGÃO-COSTA E BEL.ª CARMEM GALVÃO (Preparação de Originais e Revisão)
FERNANDO BRANDÃO E FRANKLIN CRUZ (Editoração Eletrônica)
FORMATOS DESIGN GRÁFICO (Projeto Gráfico)
FORMATOS DESIGN GRÁFICO (Capa e Aberturas sobre ilustrações de Richard Cook- *Getty Images*)

Degravação e Transcrição: Tânia Costa e Regina Marques

Ficha catalográfica elaborada pela
Biblioteca Central da Universidade de Brasília

B823

Brasil em questão 2: a universidade e a eleição presidencial / Lauro Morhy (organizador). – Brasília : Universidade de Brasília, Laboratório de Estudos do Futuro : Editora Universidade de Brasília, 2002.
264p.

ISBN 85-230-0705-8

1. Política – Brasil. 2. Cidadania. 3. Universidade. 4. Eleição presidencial – Brasil. I. Morhy, Lauro (organizador)

CDU – 32(81)
324(81)
342.71

Sumário

Apresentação

Lauro Morhy

Apresentação

Lauro Morhy

A eleição presidencial de 2002 representa uma oportunidade ímpar para a discussão sobre as propostas e opções para o futuro do Brasil. A UnB tem, tradicionalmente, contribuído de maneira decisiva para a reflexão sobre os temas estratégicos para o nosso País, assumindo a responsabilidade que a História contemporânea lhe proporciona. Por essa razão, convidamos a sociedade a participar, em nossa Universidade, do amplo debate preparatório da escolha dos dirigentes da Nação. Para tanto, foi instalado, em fevereiro de 2002, o Fórum *Brasil em Questão: a Universidade e a Eleição Presidencial*.

A realização do Fórum *Brasil em Questão* foi resultado de uma intensa mobilização não apenas entre a comunidade de professores, alunos e funcionários da UnB, mas também entre esta e outros segmentos da sociedade, com o objetivo de estimular a troca de idéias sobre propostas e ações indispensáveis à superação dos grandes desafios nacionais. Tal discussão ocorreu em momento particularmente especial para a UnB, pois, neste ano de 2002, comemoram-se os quarenta anos de sua criação.

Lauro Morhy é Reitor da Universidade de Brasília (UnB), no segundo mandato consecutivo (1997/2001). Doutor em Biologia Molecular pela Escola Paulista de Medicina (Unifesp). Realizou a determinação da primeira estrutura seqüencial de uma proteína no Brasil (feijão *Vigna unguiculata*), usado na alimentação popular. Fundou o Centro Brasileiro de Serviços e Pesquisas em Proteínas e criou o Programa da Avaliação Seriada (PAS).

O Fórum *Brasil em Questão* foi concebido em dois períodos distintos. A primeira etapa – compreendida entre 20 de fevereiro e 17 de julho – foi o momento de discussão sobre onze questões-chave da agenda do País. Nesse contexto, 43 especialistas, com diferentes formações profissionais e das mais diversas áreas do conhecimento, foram convidados a virem à UnB para, em um ambiente caracterizado pela pluralidade política e ideológica, apresentarem visões, nem sempre convergentes, sobre respostas reclamadas pelo Brasil para seus problemas, empreendendo esforço coletivo de reflexão e síntese.

O resultado deste amplo esforço foi apresentado à sociedade em agosto de 2002, com o lançamento do primeiro volume do livro *Brasil em Questão: a Universidade e a Eleição Presidencial*, conjunto de contribuições que pode ser definido como imersão na realidade histórica, cultural, política e socioeconômica brasileira – um verdadeiro manifesto à Brasilidade.

Já na segunda etapa do Fórum *Brasil em Questão*, realizada entre o mês de agosto e o de setembro, buscou-se ampliar o debate entre a sociedade brasileira e os candidatos à Presidência da República e a ele conferir maior visibilidade. Para tanto, vieram à UnB, em momentos distintos, os candidatos Ciro Gomes, Anthony Garotinho e Luiz Inácio Lula da Silva. Além destes, os candidatos José Serra, José Maria de Almeida e Rui Costa Pimenta responderam a questões sobre temas que emergiram quando da realização da primeira etapa do Fórum.

Deve ser destacado, ainda, o número significativo de estudantes presentes aos debates com os candidatos – poucos eventos na história da UnB conseguiram reunir número tão expressivo de alunos. O resultado dessa reflexão com os candidatos é apresentado, a toda a sociedade brasileira, neste segundo volume do livro *Brasil em Questão: a Universidade e a Eleição Presidencial*, na Parte I e na Parte II.

Programação dessa grandeza não se faz, certamente, apenas com integrantes da Universidade: *Brasil em Questão* é, sem dúvida, promoção da sociedade em seu todo. Por esse motivo, algumas entidades, representativas da área da Educação, da Ciência e da Tecnologia, foram convidadas a apresentar suas contribuições ao debate, reproduzidas na Parte III deste volume. São elas: a Associação Nacional dos Dirigentes das Instituições Federais de Ensino Superior (ANDIFES); a Associação Brasileira de Mantenedoras de Ensino Superior (ABMES); a Associação Brasileira de Educação a Distância (ABED); a Associação Brasileira das Instituições de Pesquisa Tecnológica (ABIPTI); a Associação Brasileira dos Reitores das Universidades Estaduais e Municipais (ABRUEM); além da Carta de São Paulo, aprovada no 4º Congresso Nacional de Educação (CONED), no âmbito do Fórum Nacional em Defesa da Escola Pública, realizado de 23 a 26 de abril de 2002.

A publicação dos dois volumes de *Brasil em Questão: a Universidade e a Eleição Presidencial* não pretende, certamente, esgotar o debate. Proclamado o resultado das urnas, o novo papel do Fórum *Brasil em Questão* será continuar buscando respostas e caminhos melhores para o Brasil, revelando e disponibilizando talentos, a partir do ambiente acadêmico e de outros setores da sociedade. A UnB como um todo e o Laboratório de Estudos do Futuro (LEF) em particular, por estarem localizados na Capital Federal, centro do poder político, poderão atuar como verdadeiro "Observatório" das ações do novo governo, sinalizando, qualificando, ampliando, assessorando e procurando soluções conjuntas.

Para consolidar esses laços, a UnB faz o convite ao Presidente eleito para que, já no dia seguinte à posse – em 2 de janeiro de 2003, quinta-feira – em gesto simbólico e histórico, visite a UnB, manifestando, assim, que reconhece o fato de vivermos a Era da Sociedade do Conhecimento e a verdade de a Universidade Pública representar poderoso instrumento de desenvolvimento. A propósito, lembramos a todos os candidatos que, embora a UnB seja quase vizinha do Palácio do Planalto, o último presidente a visitar seu Câmpus, até esta data, foi o General Ernesto Geisel, que aqui esteve para inaugurar a Faculdade de Tecnologia na década de setenta.

Além do convite acima, reiteramos um outro, feito a todos os candidatos, que talvez seja mais factível para o Presidente eleito. A Universidade de Brasília gostaria que, a cada ano, o novo mandatário dedicasse um dia – ou, ao menos, algumas horas – para visita de trabalho na UnB. Seria sempre um dia especial para a Universidade. Certamente, todas as Universidades Públicas sentir-se-iam homenageadas e prestigiadas, e como a Universidade Pública Federal precisa dessa atenção especial!

Acreditamos que o objetivo maior do Fórum *Brasil em Questão* – fomentar positiva contribuição à troca de idéias sobre os grandes desafios de nosso País – foi alcançado, ao tempo em que a UnB cumpre compromisso assumido com toda a sociedade brasileira, fomentando a indispensável e necessária transparência do debate político.

Discurso e Respostas
Fórum *Brasil em Questão*

Parte I

07 de agosto

Ciro Gomes

14 de agosto

Anthony Garotinho

04 de setembro

Luiz Inácio Lula da Silva

Discurso e respostas

Ciro Gomes

Resumirei, o que é uma compreensão do problema estratégico brasileiro e as pistas do que seria um projeto nacional de desenvolvimento alternativo, caso a Frente Trabalhista, que eu represento, obtenha êxito na disputa pela Presidência da República em seis de outubro.

Nosso ponto de vista começa, telegraficamente falando, com três premissas teórico-doutrinárias.

A perversão neoliberal, que nos é vendida como ciência, sendo ideologia de quinta categoria, tirou, de boa parte da elite brasileira, a compreensão de que globalização não pode ser entendida como um fenômeno no qual o País se possa integrar passivamente. Fatos absolutamente práticos demonstram isso.

A condição de produzir, de gerar empregos, pagar salários, incorporar jovens ao Mercado de trabalho, não é global, é intrinsecamente nacional, a despeito da massiva propaganda ideológica que se faz em contrário. A taxa de juros, condição central do financiamento de uma economia, não é global. No mundo rico, ela varia de meio por cento ao ano, no Japão, a quatro por cento ao ano, na Europa, passando por um ponto, setenta e cinco por cento ao ano nos Estados Unidos.

Ciro Gomes é candidato à Presidência da República pela Coligação "Frente Trabalhista" (PPS / PDT / PTB).

* O debate teve como moderador o jornalista Tales Faria da Revista *ISTOÉ*.

A capacitação tecnológica, o estágio de modernidade tecnológica fundamental aos modos de empreender, de produzir, de pagar salários, também não é global. Há uma brutal concentração do domínio tecnológico em poucos países do mundo rico e o Brasil está hoje defasado, em média, três gerações tecnológicas em relação a estes países.

Outra questão é a do financiamento. Lembramos que, no Brasil, paga-se de juros, para descontar uma duplicata no comércio, entre três e quatro por cento ao mês, enquanto a taxa de juros global não passa de quatro por cento ao ano.

Por fim, a dimensão de escala da economia. Parece assunto tecnocrata, economês, mas não é. No nosso país, sete em cada dez empregos são gerados por pequenas empresas, que, por definição, se apresentam para competir no Mercado em pequena escala. Não é preciso ser economista para entender que a escala de uma economia tem uma relação direta com a distribuição de renda que se pratica nesta economia. No Brasil, temos uma das piores distribuições de renda do Planeta. Já chegamos ao limite selvagem em que um por cento dos brasileiros acumula dezoito por cento da riqueza nacional. Poucos países do mundo organizado têm tal perversa distribuição de renda.

O que significa escala? Uma mega-empresa global produz bens e serviços que, pelo volume produzido, chegam ao Mercado com preços muito baixos, pois seus custos de produção são otimizados e seu lucro pode ser reduzido à fração de centavos. Invariavelmente, na prática, o preço final de um produto ou serviço prestado por um *globalplayer*, que trabalhe em grande escala, é mais barato do que o custo de produção de uma empresa que trabalhe em pequena escala, e, no Brasil, sete em cada dez empregos são em empresas de pequeno porte.

Por essas três contundentes variáveis e mais por uma evidência empírica que já se demonstra para além de uma reflexão teórica, o Brasil não pode mais aceitar participar passivamente de uma ordem internacional desigual, perversa, o que nos remete à necessária discussão de novo projeto nacional para adotarmos nova forma de inserir o País no mundo.

Duas outras variáveis, também práticas, indicam as pistas de quais são as tarefas e ao grande debate nacional, como a contribuição que esta Universidade presta à sociedade, uma colaboração rara, porque, infelizmente na média, as Universidades brasileiras desprestigiadas como estão, sendo empurradas para uma certa impotência, não conseguem cumprir o seu papel de ser o cérebro estratégico do País. A UnB dá, mais uma vez, a demonstração excepcional de seu papel histórico no Brasil.

Primeiro ponto, quando a taxa de juros em uma economia põe-se acima da média de lucro dos negócios, da agricultura, da indústria, dos serviços, da pecuária, do comércio, esta economia passa por simples circunstância: os setores que têm dinheiro não vão investir em produção ou geração de empregos para terem um lucro menor do que teriam se aplicasse esse dinheiro na especulação financeira. Os amplos setores da economia brasileira, que não têm capital e que precisam desesperadamente de crédito para investir, não vão tomar dinheiro emprestado para colocar em negócio cujo lucro é menor do que os juros que têm de pagar para o Banco. Isto é uma bobagem na economia e há certa censura da elite brasileira para que o povo, não entendendo esta chave, não compreenda que temos de fazer uma confrontação de interesses em conflito distributivo e hierarquia de prioridades.

A segunda premissa, também muito simples, para qualificar uma metodologia que o brasileiro médio precisa de ser ajudado a entender, é que o País tem de se desenvolver. O papel da

Universidade e de seus estudantes é fundamental nisso, considerada a dificuldade da maioria do nosso povo e também a vulgaridade de certas mediações, muito mais entregues à futrica política, dossiês, calúnias, do que ajudar o povo pedagogicamente a entender seu processo histórico.

Todos falamos em desenvolvimento e não há saída para o nosso país. Não há solução para nenhum dos nossos passivos: o estrangulamento da energia; a destruição das estradas; a perda de um em cada três mestres e doutores na Universidade Pública brasileira por arrocho salarial e terrorismo previdenciário; o ângulo social em que trinta e três milhões de brasileiros estão passando fome, cinqüenta milhões de brasileiros estão abaixo da linha de pobreza; o aspecto econômico/financeiro em que um milhão e setecentos mil jovens chegam ao Mercado de trabalho, procurando seu primeiro emprego e encontram o Mercado de trabalho fechado ou exigindo experiência de uma escola pública que não prepara nem mesmo para o vestibular, quanto mais para o Mercado de trabalho.

A dívida interna brasileira cresceu nos últimos sete anos de 61 para 750 bilhões de Reais, e dizem que isto não é assunto do governo. A dívida leva hoje 93 bilhões de Reais dos cofres públicos enquanto se gastam 13 ou 14 bilhões de Reais em educação. Só para se fazer uma comparação prática, o cofre é o mesmo. Por isso, esses assuntos, não sendo populares, são tarefa de uma militância republicana: fazer todo o possível para ajudar a sociedade entender esses estrangulamentos. Ou o País se desenvolve ou não teremos saída.

Desenvolvimento, essa é outra premissa, não é conseqüência de boa-fé ou promessas bem intencionadas. Só há desenvolvimento se houver investimento. Só há investimento se houver poupança ou estrutura de crédito que é antecipação de poupança futura. Esse ponto é a pista de um árido debate, difícil mas profundamente necessário.

No Brasil, estamos com a menor taxa de crescimento econômico dos últimos cinqüenta anos porque está estrangulada a equação poupança, crédito e investimento. Poupança vem de três fontes: da pública, da privada nacional ou do Exterior. A poupança pública brasileira é explosivamente negativa. Entre o que o governo arrecada, que é uma montanha de dinheiro, e o que paga com juros, especialmente com juros para fazer frente às suas dívidas, fica um rombo monstruoso. Assim, não há excedente de poupança pública hoje que sustente desenvolvimento.

A poupança privada, estagnada a economia, está reprimida a números muitos baixos em torno de dezoito por cento do PIB e boa parte dela, pelos altos juros, está voltada não para o investimento que gera emprego, mas para o financiamento do rombo das contas do governo, por este galope da dívida pública. Nós, brasileiros, "levados no bico", na enganação, de que seremos salvos dessa tragédia coletiva pelo capital estrangeiro, o que nos obriga a praticar a cartilha do bom moço internacional, que é dado pelo receituário ultra-ortodoxo e tecnicamente ruinoso do FMI. Compreendo muito bem que não são expressões simples, não é um discurso de acesso fácil para a linguagem popular. Mas eu só desejo mesmo ser presidente do Brasil se conseguir êxito em construir mediações entre a Academia, entre os intelectuais, os artistas, os sindicalistas, o empresariado nacional brasileiro, na política, no amplo espectro de centro-esquerda que tenha certos pactos com setores conservadores da pequena propriedade rural, do médio e do pequeno empresário nacionais, do industrial nacional que tenha tradição de comportamento ideológico mais à direita, mas que, à luz dessa confrontação, que ao resgate da autonomia brasileira para reafirmar um projeto nacional, terão um papel indispensável, pois os inimigos externos são muito poderosos. Eles vão tentar impedir essa integração por todas as forças, considerado o interesse estratégico que nosso país representa no mundo e o papel que o Brasil tem de produtividade central na América Latina e de parcerias estratégicas novas que podem, no futuro, confrontar com uma ordem internacional monopolar, unilateralista, que não respeita sequer os tratados internacionais.

Assim sendo, propomos novo projeto de Brasil, para ser melhorado pela crítica da sociedade brasileira, pelo o que há de melhor da nossa inteligência, porque todas essas questões são muito difíceis, muito complexas. O problema brasileiro não é só trocar o fulano que nos governa hoje por um beltrano cheio de boas intenções. Se fosse assim, seria fácil. O problema brasileiro é de modelo, é de instituições, é de forma de inserção internacional e as soluções existem. O Brasil tem base tanto física quanto humana para experimentar um projeto rebelde a estas interdições ideológicas que, volto a dizer, nos vendem como ciência, sendo ideologia de quinta categoria, como é a perversão neoliberal.

O projeto nacional de desenvolvimento, para o qual eu peço a crítica da sociedade brasileira, na direção de aperfeiçoar um programa final de governo, está resumido em quatro grandes blocos de tarefas.

Não falarei das obviedades do discurso político convencional, da prioridade ao emprego, à segurança, à educação, à saúde, à infra-estrutura em energia e estradas, porque é um consenso definitivo. Há uma retórica política em todos os partidos e nunca se deixou de se comprometer o povo nestas prioridades. Queremos participar, além desses pontos, que são também os meus e somam à minha retórica e ao meu compromisso.

O primeiro bloco de tarefas tem por objetivo estratégico construir, no Brasil, um alto nível de poupança vinculada ao investimento produtivo nacional. O objetivo tático é eliminar os rombos das contas brasileiras que nos deixam de joelhos diante da agiotagem internacional. Em outras palavras, é construir um volume de poupança vinculada ao investimento que financie uma taxa desejável, por baixo, de cinco por cento de crescimento produtivo. Esta taxa, acredito, resolveria os nossos problemas. A médio e longo prazo, o Brasil poderia experimentar um ciclo sustentável de desenvolvimento, capaz de incorporar os jovens, os ganhos de produtividade que estão expulsando homens e mulheres do trabalho na medida em que os substituem por robôs e máquinas.

O segundo bloco de tarefas é a distribuição de renda. Tentar consertá-la, de uma vez por todas – vacinados de ilusões de políticas sociais compensatórias que até cumprem um papel tático e de transição, mas não podem desviar o melhor do pensamento progressista brasileiro para a crença de que política social compensatória (cesta básica, bolsa escola) e outros tipos de bolsas terão, no futuro, um efeito estrutural de mudança no perfil perverso, selvagem de distribuição de renda no Brasil.

O terceiro é procurar afirmar o Brasil, tanto internamente quanto na interação internacional, de forma a resgatar sua autodeterminação. A soberania nacional brasileira afirmada não com nacionalismos excludentes, não com xenofobia particularista que exclui o Brasil de ampla integração aos valores da humanidade, mas afirmar essa integração resgatando o conceito de interesse nacional que, no livro da UnB, *Brasil em Questão*, é chamado, muito propriamente, de "Brasilidade".

O quarto e último bloco de tarefas tenta consertar uma engenharia política que aperfeiçoe, modernize e avance em uma radicalidade democrática as instituições político-representativas do País. Que tenha convicção sólida de que os problemas brasileiros têm solução, que temos base humana, base física, temos talento, energia, biodiversidade, água, terra, minerais, petróleo, enfim tudo com abundância. Temos de consertar instituições políticas que ao moralizarem, ao darem garantias à sociedade de maior controle sobre sua representatividade façam que finalmente elas, além de seus interesses eleitorais, governem comprometidas com as maiorias não-edificadas em *lobies* de grupo de pressão e oligarquias que acabam influenciando a titularidade do poder no Parlamento, no Executivo e no Judiciário.

O primeiro bloco de tarefas especializa-se por meio da poupança. A poupança de uma sociedade não é fatalista ou obra do acaso. É conseqüência, em toda a história humana, de arranjos institucionais que a política faz ou deixa de fazer. No caso brasileiro, eu advogo quatro passos para que consigamos começar a elevar o nível de poupança e investimentos necessário para alavancar o desenvolvimento de que tanto precisamos.

O primeiro é mudar o modelo de cobrança de impostos. Nossos impostos punem a produção, punem os salários principalmente da classe média que precisa de pagar dobrado para viver, pois paga imposto e paga também plano de saúde, mensalidade escolar, segurança particular e previdência social privada. Eu advogo um modelo tributário que, com as gradualidades necessárias, com a transição prudente necessária, porque não se fazem reformas do dia para a noite, seja modelo moderno, simples, que tire os impostos da produção e dos salários e desloque, para o consumo das classes sociais mais altas e para a incorporação dos ganhos especulativos de capital e de propriedade, o peso central de financiamento de um Estado realmente poderoso para poder realmente intervir nos pontos que necessitam da sua efetiva interferência.

O segundo passo é mobilizarmos a sociedade brasileira para um grande debate em torno da reestruturação das bases do financiamento da previdência social brasileira. Ela está falida e não é, como afirma a retórica conservadora, pela despesa. Isto é uma inverdade grosseira. Treze milhões de aposentados recebem duzentos Reais de aposentadoria, o que não é suficiente para pagar duas caixas de remédios para combater o alto colesterol. No setor público, onde há uma ira a desmoralizá-lo, pois faz parte da satanização do Estado, desmoralizando seus agentes para que o dogma neoliberal se fixe, a média de aposentadoria é de um mil e trezentos Reais, e é claro que é muito mais do que duzentos Reais, mas não é abuso algum tendo em vista o custo de vida do País.

Se previdência social está quebrada pela despesa é porque existe a informalidade brutal, do maior desemprego da história que já vitimiza mais de onze milhões de brasileiros, pela mal versação, da corrupção e da impunidade que ainda vige largamente nas estruturas da administração pública brasileira. É meta reestruturá-la em bases modernas de capitalização pública. Não permitimos a privatização da previdência social para que não sofra o mesmo corte de recursos que ocorreu com a saúde pública, com a educação pública que afastou a classe média do patrocínio político desses serviços que são centrais à sociedade brasileira.

O terceiro passo estratégico é a superação do rombo nas contas externas do País. O Brasil está posto de joelhos diante do dogma financista internacional não propriamente por vassalagem dos governantes, mas porque termina este ano com um rombo de vinte e um milhões de Dólares, produzido pelo atual modelo econômico. A imprudência em galopar a dívida externa de cento e vinte e oito para duzentos e cinqüenta bilhões de Dólares somente neste período de governo faz que o Brasil tenha de pagar aos bancos internacionais este ano vinte sete bilhões de Dólares, alem dos vinte e um bilhões de Dólares. Isso mostra porque o Brasil está prostrado na dependência de fluxos internacionais de capital. Esta vontade compreensível de resolver a golpes de valentia o problema não é solução. Se o Brasil nao conseguiu resolver uma equação sustentável para superar esse desequilíbrio, se esta frase feita de João Valentão de fora FHC, fora FMI for praticada, teremos de volta uma enorme inflação e estaremos lesando o crédito público com gravíssimas conseqüências para a sociedade brasileira. Como temos uma moeda vinculada a um regime de câmbio flutuante, na hora em que não tivermos uma equação sustentável, a moeda desvalorizar-se-á e a relação será para cada dólar quatro ou cinco Reais. Como os insumos de vários produtos são importados e, portanto, pagos em Dólar, com a desvalorização do Real, os preços explodem na mesma hora e os salários compram menos produtos.

Por exemplo, importamos quase todo o trigo que consumimos, pois não conseguimos produzir internamente. O trigo é matéria-prima para o pão e para o macarrão, alimentos que o povo pobre ainda pode comer. Se desvalorizamos a moeda brasileira, o trigo ficará imensamente caro. Não só o trigo, mas também os remédios, pois oitenta e seis por cento da química fina da indústria farmacêutica também é importada.

É claro que gostaria de que isso não acontecesse. Acredito que a solução existe, porém não é simples e não será encontrada a golpes de João Valentão. Na hora em que um governante de oposição receber sob suas costas desvalorização da moeda e volta pesada da inflação, acontecerá com ele o que ocorreu com um grande argentino, que era homem de bem, bem intencionado, patriota, que vinha do campo da luta do povo argentino e em seis meses foi expulso do palácio pela porta dos fundos precipitando uma crise. Quem quiser pode pedir para si essa responsabilidade, eu não a quero. Só quero a responsabilidade em que estiver ao alcance de honrar para a sociedade brasileira.

O quarto e último objetivo, do nosso modelo de construção de mudança e de libertação do Brasil do capital estrangeiro é o manejo austero da dívida brasileira. Praticados esses três passos: o modelo tributário, o modelo previdenciário sustentável, a superação do *deficit* externo, assim a taxa de juros cai e, então, pode-se administrar a dívida em ambiente já de expansão da economia sem inflação.

O segundo objetivo estratégico é consertar a distribuição de renda do País. Distribuir renda é ampliar a participação dos salários na renda nacional. Distribuir renda é abrir um consistente acesso à terra para os trabalhadores que nela querem e possam trabalhar. Distribuir renda é garantir a participação dos trabalhadores nos resultados das empresas e é passar da retórica à prática dos orçamentos à prioridade para reconstrução dos fundamentos da escola pública brasileira. É ampliar a pré-escola, fazer um choque de retreinamento e qualificação no magistério do primeiro e do segundo grau. Abrir uma variante, que não substitua, mas seja profissionalizante de ensino médio, e assumir compromisso claro de um projeto de autonomia da Universidade Pública brasileira, que, hoje sucateada, só pode oferecer 4,2 por cento de matrícula aos jovens de dezenove aos vinte e quatro anos. É uma taxa absolutamente ridícula, caso se tenha em mente que os americanos oferecem oitenta por cento de vagas aos jovens.

O terceiro bloco de tarefas é a afirmação da soberania nacional brasileira. Isto dar-se-á por um movimento interno. Nenhum país pode ter boa política industrial de comércio exterior, nem boa política de participação nas agências multilaterais ou suas relações bilaterais, se não tem coesão interna em torno de alguns objetivos estratégicos para o País.

Celebrar um eixo central com um projeto nacional de desenvolvimento e estabelecer amplo consenso na sociedade é premissa para, de fato, afirmarmos soberanamente a relação do Brasil no cenário internacional. A diretriz não é tirar o Brasil da convivência internacional, isto é impraticável. É positivo participar dos fluxos de poupança, do domínio tecnológico, do domínio estético-cultural, de preservação do meio ambiente, do cultivo do respeito aos direitos humanos, do cultivo da democracia como ponto fundamental da convivência das pessoas com seus Estados. Mas é absolutamente indispensável que o País traga de volta, ao seu manejo, ferramentas de autodeterminação. Por exemplo, a substituição de importações, a política agrícola subsidiada na medida em que entendemos necessária. Política rígida de propriedade intelectual. Não podemos aceitar passivamente as interdições em matéria de propriedade intelectual que se fazem, em coisas que o princípio ativo, às vezes, pode até ter sido biopirateado da própria fauna e flora brasileira.

Outro exemplo é as compras governamentais. Não há razão senão a prostração à ideologia, que não nos interessa, para que o Brasil não faça de suas compras uma ferramenta de estímulo para expandir a nossa base produtiva e em condição de dar emprego ao povo brasileiro.

O quarto e último objetivo estratégico é a reforma política. Volto a dizer que tudo no Brasil é viável, mas não o será em um jogo pequeno, convencional de governo contra oposição, em tentativas aplicadas dentro dos gabinetes e dos palácios em Brasília. Claro que o ritual há de ser por compromisso com a democracia, com o absoluto e devido respeito ao estado democrático. Não acredito em salvadores-da-pátria, em napoleões bonapartes, em autoritários. Com estes estou descompromissado. Não quero ser presidente do Brasil se alguém depositar a ilusão de que eu, de forma solitária, teria condição de fazer alguma coisa positiva para o Brasil.

Por isto a necessidade de novas instituições que devolvam à política sua respeitabilidade perdida. No Brasil hoje a sociedade, também muito por preconceito, deixa prosperar a impressão desagradável de que a política é um "pardieiro" de pilantras, de enganadores, de corruptos, generalizando maus exemplos impunes para todos os que têm militância nessa área. Este é um preconceito muito maléfico, mas compreendemos as razões. Assim, temos de tratar das instituições que possam ajudar o povo a voltar a ter entusiasmo pela vida coletiva, entusiasmo pela participação comunitária e pela participação na política.

Proponho o financiamento público de campanhas. Um sistema eleitoral de listas fechadas que fortaleça os partidos políticos e garanta a verdadeira fidelidade que o povo busca, que é o compromisso com o programa e não com os ajuntamentos de ocasião. Estamos propondo que aquilo que já está na Constituição brasileira, que consiste no princípio de que a democracia brasileira se afirma de forma representativa diretamente pela população, como está escrito, saia efetivamente do papel, se transforme em prática rotineira convencional, como está sendo também discutido pela Convenção da Comunidade Européia. Plebiscitos e referendos não para emparedar de forma populista o Congresso Nacional – o único poder que tem a faculdade de convocar plebiscitos e referendos –, mas como uma fórmula generosa e democrática de dar poder à sociedade para que ela possa-nos ajudar a resolver conflitos entre um Brasil organizado pelas minorias, cujos interesses estão bem protegidos, e os interesses da maioria que sempre são prejudicados. Essa maioria está desorganizada, atomizada, desinformada, e dela se lembram ciclicamente quando precisam do apelo demagógico das eleições.

Com esses conjuntos de providências, não tenho a menor dúvida de que o Brasil muda e muda para melhor.

Muito obrigado.

RESPOSTAS AO *BRASIL EM QUESTÃO*

Pergunta nº 1: O senhor colocou que há a necessidade de se aprofundarem mecanismos de democracia direta, como plebiscitos referendos, etc. Quando o senhor lançou essa discussão, criou-se grande polêmica porque, junto a isso, também estava colocada a dissolução do Congresso. A polêmica, surgiu porque o senhor afirma que, com o nosso presidencialismo, os poderes do Presidente da República são excessivos, às vezes. Essas duas medidas – a possibilidade de o Presidente dissolver o Congresso e, em momento de impasse, com o Congresso, consultar diretamente a população para resolver os impasses – podem acabar tornando mais um instrumento de força do Presidente. Eu gostaria de saber exatamente quais são, concretamente, as medidas dessa parlamentarização para diminuir a força do Presidente.

Ciro Gomes: De novo há uma desonestidade intelectual no arraial desesperado das forças governistas. Em tudo que se refira à quebra do monopólio de poder que se estabeleceu no Brasil entre os plutocratas, ou seja, esse baronato que tomou conta do País, que suborna, que faz dossiês, que detona reputações com a maior leviandade; criam um nervosismo e o ato contínuo à desonestidade é o conselheiro.

A polêmica sobre o salário mínimo virou imediatamente uma tentativa de desqualificação. Usando truques matemáticos, o salário mínimo brasileiro de referência em comparação com o Dólar, tem hoje um dos menores valores históricos. Tenta desqualificar o que é a verdadeira discussão: ampliar a participação dos salários na renda nacional. Nos últimos meses o salário mínimo definhou mais de onze por cento.

Em 1995, escrevi um livro junto com o professor Roberto Mangabeira, da Universidade de Harward, contra o marco neoliberal. O título do livro é *O Próximo Passo uma Alternativa Prática contra o Neoliberalismo*.

Neste livro, os autores refletem sobre a cultura de impasses que o presidencialismo tem-nos apresentado no conforto dos gabinetes acadêmicos, o que não o desqualifica, mas também não pode ser usado para desqualificar a militância política. Eu jamais vou pedir a alguém que esqueça o que penso ou escrevo.

Como o Mangabeira é presidencialista e eu parlamentarista por convicção, em nossas discussões, eu defendia as virtudes do parlamentarismo. Uma delas, a meu juízo, é a responsabilidade da maioria parlamentar pelo bom andamento dos negócios de Estado e da economia. O presidencialismo tem uma contradição insanável que é de ser o Presidente da República o responsável pelo bom andamento dos negócios de Estado e pelo bom andamento da economia, mas a moldura institucional, base para os negócios do Estado, é construída no Parlamento. Na América do Norte este modelo funciona, porque, depois de uma guerra civil, eles não têm mais discussão institucional, nenhuma demanda tem mais relevância. O Presidente dos Estados Unidos tem o poder de representar o país nas relações internacionais, comanda as forças armadas. Além disso, lhe restam muito poucas outras atribuições, pois eles também têm uma federação originária de uma confederação com alto grau de delegação institucional de poderes aos estados-membros. Lá, por exemplo, até o direito processual penal é de cada estado e cada um tem seu código.

A Constituição de 1891 no Brasil, na seqüência da Proclamação da República, imitou o presidencialismo americano encerrando o período mais longo de estabilidade e altamente fecundo da história brasileira que foi o período parlamentar com Pedro II.

A partir daí, naturalmente, o parlamentarismo vira um mecanismo oportunista para atrapalhar momentos de vontade de mudanças profundas reveladas pela sociedade como mais recentemente não deixar o Lula chegar ao poder. A tese que é boa foi usada de forma picareta e o povo repudiou, e com razão, o parlamentarismo. Agora somos um país presidencialista, por vontade popular recém apurada por plebiscito.

O que faremos com a lógica de impasses que levou, no passado, um Presidente ao suicídio, outro à renúncia, recentemente um outro ao *impeachment* e outro mais contemporaneamente a essa crônica desagradável de fisiologia e mal explicada de compra de votos. Será que não é possível o País encontrar uma engenharia institucional capaz de atenuar essas crises? Estamos propondo trazer novamente à discussão o sistema de governo, para ser criticada, sem imposição, pois esse tema só prosperará por emenda constitucional e com três quintos da Câmara Federal e do Senado Federal estando de acordo. Não há menor chance de uma emenda constitucional prosperar, em um regime democrático, no estado de direito com que temos compromisso, se não houver o consenso da sociedade. Então por que aterrorizar as pessoas, falando de uma intenção malévola que não há? O que há é uma tentativa, bem intencionada, de propor um debate a ser discutido pela sociedade, se podemos, ou não, usar plebiscitos e referendos sempre que houver impasses centrais que ameacem colapsar a cooperação das instituições brasileiras. Isso significa dar ao povo a faculdade de votar.

Vale lembrar que só o Congresso Nacional pode convocar plebiscito; portanto, em hipótese alguma poderá ser convocado para fechar o Congresso. Eu não tenho a menor vocação para tal. Lembro que fui deputado por dois mandatos. Fui Prefeito e manejei com uma Câmara de Vereadores. Fui Governador e manejei com uma Câmara de Deputados. Fui Ministro da Fazenda e manejei com o Congresso Nacional. Não há um precedente que não seja de absoluto apreço, respeito, carinho e admiração pelo Parlamento que considero ser o santuário das liberdades. Venho defendendo o Parlamento brasileiro, o que não é tarefa fácil, porque a sociedade vê os maus exemplos, vê as impunidades e generaliza. Tenho dito que o Parlamento brasileiro é substantivamente bom e o que tem acontecido é que ele é constrangido a votar pelos setores organizados, pelos *lobies*, pelos grupos de pressão. O povo não acompanha, participa ou é informado, não como culpado, mas como vítima do monopólio da informação que, infelizmente, é outra forma de manipulação de poder que cada vez mais se estabelece no Brasil.

Mediador: O senhor me desculpe, mas a minha pergunta foi: qual o mecanismo que o senhor está propondo para diminuir o poder do presidente?

Ciro Gomes: Exatamente esse. Dar poder ao Congresso Nacional. Dar poder à sociedade para que ela possa, em momentos de conflitos, resolver os impasses.

■ **Pergunta nº 2:** Ainda no capítulo das reformas estruturais, o senhor coloca a discussão sobre o equacionamento da dívida pública, agora agravada pela crise cambial. Entre outras medidas, o senhor coloca a necessidade de, por um lado, aprofundar a política atual de alongamento dos prazos da dívida interna e, por outro, não admitir, direta ou indiretamente, a responsabilidade pública pelo pagamento da parte amplamente majoritária da dívida externa que é privada. Gostaria de que o senhor tentasse explicar isso um pouco melhor e queria que o senhor explicasse a questão da CC5. Afinal, vai ser possível ao capital que entra no Brasil – o capital externo – às empresas internacionais e nacionais levarem o dinheiro para fora?

Ciro Gomes: Eu já tentei explicar isso no primeiro bloco de tarefas que consertam a equação de poupança e investimento, que sustenta o desenvolvimento brasileiro, minimizando ao máximo a dependência do capital externo.

O problema da dívida interna brasileira é que temos uma dívida interna em Reais que cresceu de sessenta e um para, em números redondos, para setecentos e cinqüenta bilhões de Reais nestes últimos sete anos, período em que se privatizaram setenta bilhões de Dólares e se torrou esta montanha de dinheiro financiando atividades, com uma taxa de câmbio populista para fins de reeleição a qualquer custo.

O funcionalismo público está há oito anos sem reajuste de seus vencimentos. A Polícia Federal está impotente para combater a crescente organização do crime no Brasil e, ontem, a Universidade Federal do Rio de Janeiro teve a sua energia cortada por falta de pagamentos. Isto é só para caricaturizar a decomposição da infra-estrutura brasileira.

Em relação à dívida interna, só o tamanho é preocupante. Mas, internacionalmente, na teoria econômica, ao se referir à dívida, fala-se em PIB. A sanidade de um país é avaliada quando se compara o tamanho de sua dívida com seu PIB, que é a soma de todas as riquezas que um país produz em um ano. Essa dívida era, no início do atual governo, de vinte quatro ou vinte e seis por cento do PIB. Hoje ela é de cinqüenta e oito por cento do PIB. Teoricamente é pagável, porque a Itália, por exemplo, deve cem por cento do seu PIB. Esse argumento conservador do atual governo diz que não nos devemos preocupar. Acontece que a dívida da Itália vence em décadas, enquanto a brasileira vence toda em trinta meses. O País tem setecentos e cinqüenta bilhões de dívida, vence em trinta meses, dando vinte e poucos bilhões por mês e o País arrecada em torno de catorze ou quinze bilhões líquidos na mão da União. Em suma, a dívida pública brasileira vence em prazo absolutamente insuportável. O Brasil vai gerar, neste ano, um *superavit* de trinta e quatro e meio por cento do PIB, matando todos no arrocho da despesa e do sistema tributário, e vai gerar um dos maiores *superavits* primários do mundo ao redor de vinte cinco, vinte seis bilhões de Reais, e a dívida vai levar uns cento e sete bilhões de Reais de juros.

Propomos dar um passo que mude a reforma tributária. Dar um segundo passo para mudar a equação do modelo previdenciário. Tomar um conjunto de providências que elimine o rombo externo o mais breve possível. Sendo, concatenadamente, dados esses três passos do nosso modelo, obteremos baixa na taxa de juros, o que possibilita ao País negociadamente, sem quebra de contrato, sem unilateralismo, sem imposição ou aventura jurídica, alongar gradualmente os prazos de vencimento da dívida interna.

Usando a metáfora, podemos comparar assim: você ganha mil Reais por mês. Deve dez mil Reais que vencem amanhã. Entrega os seus mil Reais, passa fome, não compra remédio. Ao pagar mil dos dez, fica devendo nove. Pede onze emprestados por três dias, para pagar os nove, embutindo os juros por dentro. O problema ficou adiado por três dias. É isso que está ocorrendo no Brasil hoje, ante o silêncio omisso e conivente da imprensa brasileira, que é sócia do clube dos que ganham com esse dinheiro.

A CC5 é Carta Circular número cinco. Esta é uma carta circular que o Banco Central criou para que brasileiros remetam dólares a não-residentes no Exterior. Foi criada para atender às necessidades de dinheiro para pessoas que estão estudando no

Exterior. No governo Cardoso, pelo que tomei conhecimento, saíram do Brasil cento e onze bilhões de Dólares pela CC5. Evidentemente, não se podem mudar regras para o investidor internacional. Se ele entra com seu capital em uma regra, ele tem todo o direito de sair, no momento que bem lhe aprouver, com as mesmas regras com que entrou. Assim será em eventual governo meu. Quem espalhou o boato de que eu queria fechar a conta CC5 foi o candidato oficial, manipulando coisas perigosas para a sociedade brasileira, para espalhar desespero, tentar causar crises e tributar os que criticaram os modelos durante sete anos e sem culpar quem ficou dentro do modelo beneficiando-se para depois ser o candidato da Presidência da República.

■ **Pergunta nº 3:** Na balança comercial brasileira, três setores – mecânica, química e eletrônica – são responsáveis por *deficit* em torno de dezoito bilhões de Dólares. São eles os principais responsáveis pela geração e pela transmissão do progresso técnico para o conjunto da produção social. Que investimentos em novas tecnologias pretende fazer para reverter este quadro específico dos três setores complementares? Que medidas de fomento à pesquisa pretende assumir? É a favor de alguma medida protecionista para tecnologias desenvolvidas no Brasil? Como pretende estimular a relação Universidade e setor produtivo e aumentar os investimentos privados em inovação?

Ciro Gomes: Basicamente, já mencionei essas questões no terceiro capítulo que afirma a autodeterminação e a soberania brasileira, lembrando uma das três premissas introdutórias.

A globalização não é para todos. É para um tipo de empreendedor de vanguarda que se financia internacionalmente, que tem escala e se apresenta na ponta do processo tecnológico.

O nosso projeto nacional de desenvolvimento está voltado para a questão do conhecimento, com a capacitação do capital humano brasileiro. Isso se fará por um conjunto de providências, que se correlaciona com outro bloco de tarefas, que é o da superação do *deficit* externo. O Brasil paga em *royalts* mil e quatrocentos por cento a mais este ano do que pagava cinco anos atrás. Isso já passa de um bilhão de Dólares, por tecnologias que são às vezes sofisticadas, mas muitas vezes são tecnologias de complexidade intermediária em que podemos perfeitamente adquirir autonomia. A idéia é transformar em pública a tarefa de liderar processo de superação da dependência tecnológica e de componentes industriais. Não alimentemos ilusões. Por exemplo, em eletroeletrônica, em informática, é muito improvável, o que não nos dispensa de nos esforçarmos, de que o Brasil venha dominar a técnica de produção de *chip* com capacidade de processamento superior a um Pentium. Uma vez dominando, ainda teremos um problema de escala. A INTEL opera de forma tão esmagadora no Planeta que pode ganhar uma fração de centavo em um *chip*, porque o ganho dela vem do somatório de frações de centavos. Essa é uma variável que a globalização coloca.

Acredito que é possível que o País, em moderna política de relação do Estado recuperado com seus empreendedores nacionais de médio e pequeno porte, crie rede de proteção. As ferramentas para isso são: políticas industriais de comércio exterior, política voltada para substituição de importações, compras governamentais como indutoras de transferência tecnológica. Exemplo prático é a Força Aérea Brasileira que tem um plano de recuperação e modernização que custa seis bilhões de Dólares em alguns anos. Podem-se fazer duas coisas: de forma prostrada à interdição neoliberal, pode-se fazer concorrência internacional com o argumento racional de menor preço. A aeronáutica precisa de repor seus aviões, abre-se concorrência internacional e quem tiver o menor preço ganha a concorrência. Outra coisa é pela EMBRAER, que pode, talvez um pouco mais caro, produzir os caças no Brasil. Com contratos de transferência tecnológica em alguns setores, com compromisso de nacionalização de componentes, pode-se até despertar em algum agente internacional o interesse de fazer parceria com a EMBRAER, transformando o Brasil em base para futuras exportações para outros Mercados.

Queremos discutir o paradigma pedagógico. Vamos comprar mais barato pronto, economizando dinheiro, ou fazer da compra governamental uma ferramenta de indução ao desenvolvimento, ainda que isso introduza certas ineficiências?

Estamos capacitados, com autoridade moral e intelectual, na sociedade, para produzir novo ciclo de parceria estratégica entre o Estado e a iniciativa privada, prevenidos pela experiência do passado de que não haverá privilégios, não vai introduzir ineficiências, sem sobrepreços, seja para a administração pública, seja para o consumidor brasileiro.

As ferramentas para isso são as seguintes: investir em tecnologia, convocar as universidades para desempenhar seu projeto pedagógico autonomamente, assumir definitivamente como pública a tarefa de financiar o ensino de nível superior, pois esse é o último caminho para um filho de pobre e de pequena classe média poder mudar de classe.

Gostaria de dizer que já pensei diferente em certa época. Sou egresso fundamentalmente da escola pública e via uma injustiça. O filho do pobre ou fica nos descaminhos da evasão ou trabalha de dia e vai estudar à noite em Universidades pagas, enquanto o filho rico vem das escolas particulares estudar nas Universidades Públicas. Ouvindo argumentos das lideranças estudantis, acabei-me convencendo de que esse argumento é falacioso, mas tem força, porque o corte de classe no Brasil existe e é perverso e injusto. É bom lembrar que a classe média só tem por último lugar algum retorno do imposto que paga a vida inteira quando põe um filho em uma Universidade Pública.

Pergunta nº 4: Que medidas o senhor pretende aplicar para responder ao acentuado aumento da pressão por vagas em todos os níveis de ensino no Brasil, garantindo acesso a ensino de boa qualidade? Especialmente, no caso do ensino superior brasileiro, como pretende superar os problemas do ensino público?

Ciro Gomes: O problema de educação no Brasil, mantendo a ilusão de soluções de curto prazo, exige um conjunto articulado de iniciativas. Na minha idéia, começa com o problema de desnutrição na primeira infância. Pelo fato de que, hoje, de cada cem famílias pobres, cinqüenta e oito são chefiadas por mulheres, principalmente nos bairros pobres das grandes cidades, a primeira providência é mudar a regulamentação do FUNDEF. Fazê-lo cumprir, de fato, seu papel inovador; merece aplausos o atual governo por essa iniciativa institucional. Isso gerou efeito prático e concreto na multiplicação de matrículas, na retenção de alunos nas escolas. Mas, o Estado parou no marco institucional, porque o Estado não está complementando os valores mínimos que deveria alocar no FUNDEF.

Não sei por que razão o governo proíbe que a matrícula na pré-escola seja financiada na ambiência do FUNDEF. A nossa proposta é de aperfeiçoar o FUNDEF e fazer programa maciço de apoio às entidades locais, especialmente aos municípios, para que haja acelerada expansão da pré-escola. É nesta fase que é desenvolvida a capacitação psicomotora das crianças, mas a desnutrição inviabiliza boa parte das crianças brasileiras para ter bom aprendizado no futuro. Boa parte dessas crianças tem, já na pré-escola, determinadas deficiências, como a visual, a auditiva, que, não sendo percebidas, são fatores importantes de evasão escolar. A moderna pedagogia está descobrindo que, ao identificar essas deficiências na pré-escola, portanto, mais cedo, podem ser perfeitamente superadas.

Temos a concepção de escola integral, prioritariamente colocando-as nas áreas de maior densidade de miséria, concentradas nos bairros pobres das grandes cidades. Como chegamos a cem por cento de vagas no ensino de primeiro grau, aqui a grande tarefa é o choque de qualificação. A idéia, considerando a minha experiência como Prefeito e depois governador, é não disponibilizar complementação salarial, feita com um fundo específico e criado para tal, para ser dado a todos os professores. Esse fundo seria apenas para os professores municipais e estaduais que voluntariamente se dispuserem a entrar em programa de treinamento, requalificação e avaliação. Recomendam-me agregar, também, pontuações pelo coletivo da escola. Precisamos de verificar como identificamos valores meritocráticos no professor, que lhe permitam acessar complementações salariais, cofinanciadas por esse fundo federal que pretendo criar, mas introduzir, também, na avaliação, mecanismos de juízo coletivo da escola, ou seja, como está a escola como um todo.

Como nós chegamos a 100% de vagas no ensino de primeiro grau, aqui a primeira tarefa é o choque de qualificação. A idéia, para além de uma experiência, em parte exitosa, em parte frustrante que tive como Prefeito e Governador, repito, é não disponibilizar complementação, com fundo específico criado, para todos os professores. Para o segundo grau, precisamos de acordar, ontem, para o fato de, como a matrícula no primeiro grau foi expandida em

100% , hoje o Mercado de trabalho está exigindo uma escolarização muito maior do que a escolarização média de 6 anos que ridiculamente se dá à sociedade brasileira. Haverá demanda explosiva por segundo grau nos próximos anos. E os estados brasileiros em média estão desequipados, ou no planejamento ou nos fluxos fiscais para dar conta de oferecer as matrículas. Aquilo que foi, no passado, brutal guerra por vagas no primeiro grau e nas Universidades, quando se produziu o vestibular, será agora briga por vaga no segundo grau. Na minha opinião, não faz sentido que, no modelo de universitário, o governo federal vá dizer às Universidades brasileiras, por igual, o que elas têm de ser. Na minha cabeça, isso é equívoco grosseiro, e quero dizer, sem tipo algum de vacilação, que parte deste equívoco, com toda a humildade e respeitando opiniões iradas que vêm contra a minha neste sentido, parte deste descompromisso é de uma exacerbação corporativista que ainda resiste intra-muros na nossa Universidade Pública. É preciso que o governo emancipe as Universidades. Dê a elas o seguinte: é publica a tarefa e vamos fixar padrão de gasto por aluno/ano, juntos discutir que valor é razoável e um adicional por extensão e um adicional por pesquisa e, a partir de então, este orçamento estará disponibilizado para um processo de autonomia universitária, condicionado ao seguinte: compete a Universidade definir para si, sem compromisso com o governo, supra-sociedade, o seu programa pedagógico. Por exemplo, a Universidade Federal de Campina Grande define o que quer ser, o que está fazendo, que respostas pretende dar, se é em pesquisa básica, e em pesquisa aplicada, e que tipo de extensão quer fazer. Uma comissão que represente as Universidades ajuizará o mérito deste projeto pedagógico, permitindo idas e vindas que aperfeiçoem. Uma vez atingido o estágio de excelência em que a Universidade diga que é isso que ela quer ser no sistema universitário brasileiro, então o governo dá a ela autonomia. Na minha opinião, salário, orçamento, prédio, laboratório, remuneração diferenciada, cada Universidade resolveria o seu problema, e o sistema a médio prazo hierarquizar-se-ia meritocraticamente. Com a abolição do vestibular, seria gradualmente substituído por avaliação no segundo grau para que o aluno não fosse avaliado em um dia, por que isso apura mais sobre seu estado emocional do que seu nível de capacitação para acessar a Universidade.

- **Pergunta nº 5:** No país em que 52 milhões vivem na pobreza e dos quais 22 milhões são indigentes, metade da população vive com menos de R$ 132,00 *per capita*, ao ano, menos de dois Dólares por dia, a pobreza tem característica: criança, negra, e vive em famílias de baixa ou nenhuma escolaridade, sem carteira de trabalho. Como reorientar o gasto público para os mais pobres, e tornar as políticas públicas mais eficazes e reduzir as desigualdades?

Ciro Gomes: Temos de fazer primeiro uma questão processual antecedendo toda uma compreensão do que é política social no que já falei na minha introdução. Acho que precisamos de unificar toda a relação dos pobres brasileiros com os serviços públicos. Criar um único cartão para nos permitir resultados mais concentrados e nos permitir, fundamentalmente, superar aquilo que os mais *expert*, especialmente no IPEA, demonstram em grande evidência. Com a classificação contábil de Gasto social, o Brasil põe-se acima da média da América latina. O Brasil é um dos países que mais gasta. Mas o IPEA e os especialistas que estudam a pobreza, que trabalham nas Universidades, evidenciam com grande contundência, que o classificado como Gasto social, é apropriado nas intermediações e não chega de fato na pobreza. Até porque quando mais pobre o cidadão, mais vulnerável ele é à desinformação, mais difícil o contato dele com as mediações. Quem tem diminuído um pouco isso tem sido as igrejas e as entidades comunitárias, como associações de moradores, programa assistenciais de sindicatos e iniciativas do setor público com políticas compensatórias.

Podemos avançar para resolver isso se tivermos capacidade de estabelecermos um diálogo com os pobres brasileiros, e fazer de fato das mediações legítimas da sociedade uma identificação desses pobres em um só cadastro para que se possa, no primeiro passo, unificar todas as atuais políticas que tiveram papel importante, como bolsa escola, cesta básica. Compreendo o papel de transição que estas políticas têm de ter, mas quero imaginar aonde possamos propor um conjunto de políticas articuladas, atacar este problema na estrutura. Por exemplo, o *deficit* habitacional. Tenho essa experiência como Prefeito de capital e Governador; é trágica a conseqüência para uma família pobre , que já vive quase na indigência, morar em uma casa em cima de uma infra-estrutura de saneamento básico com um ponto de água e um ponto de luz. A partir daí fica mais fácil de entrar em redes de políticas sociais como capacitação de mão-de-obra, como creche e educação para os filhos, políticas de saúde preventiva, materno-infantil, políticas que tiveram efeitos extraordinários com custos relativamente baixos na nossa experiência no Ceará. Por exemplo, o *defict* habitacional. Temos um conjunto de 5 milhões de famílias sem-teto nas cidades. Por regra, 82% destas famílias têm renda familiar inferior a 3 salários mínimos. Evidentemente, que não há financiamento algum que considere o custo da casa compatível com o perfil de renda inferior a 3 salários mínimos. É tarefa clara do poder público, do Tesouro Nacional, financiar moradia, urbanização de favela, sistema simplificado de saneamento básico. Ao criar este efeito social importante, é introduzir um componente direto de distribuição de renda é integrar as pessoas nas redes comunitárias, é sensibilizá-las para as grandes demandas de saúde e de capacitação para o trabalho, de educação dos filhos e de participação do controle das polícias e de ajuda nas atividades de segurança pública. Essas atividades geram emprego para gente que tem baixa empregabilidade, com baixa qualificação, com mais idade. Esta é tarefa simples que não exige muita qualificação.

No campo sistemas simplificados de reforma agrária casadas com ações coletivas para ganhar escala em que o Estado compareça para dar o pedaço de terra com crédito, com assistência técnica, com apoio logístico de comercialização moderna, para não alimentarmos ilusão de sustentabilidade de subexistência de uma economia rural que deslocou 420 mil famílias do campo para a cidade nos últimos 8 anos. Acredito que esse é um caminho para se seguir. Obrigado.

RESPOSTAS ÀS QUESTÕES FORMULADAS PELO PÚBLICO

- **Pergunta nº 1:** Como o senhor pretende tratar a questão dos bancos públicos?

Ciro Gomes: Os bancos público do país, que são hoje o Banco do Brasil, a Caixa Econômica Federal, o BNDES, o Banco da Amazônia e o Banco do Nordeste, têm papel absolutamente indispensável. Públicos eles são e assim devem permanecer. Quero adicionar razões práticas. O Banco do Brasil faz sozinho, há muitos anos, o crédito rural do país. Se for privatizado, e isso não pode ser feito, acredito que estaria sendo colapsado o crédito rural do país. O sistema financeiro privado, nesses processos de fusões e incorporações, e na brutal internacionalização que experimentou nos últimos anos, tem agido na prática como cartel quando opera o crédito ao consumidor, ao comércio. O Banco do Brasil tem a função de descartelizar o sistema de crédito à sociedade. A CEF é depositária de ativos públicos, como o FAT, o FGTS, e outros, das cardenetas de poupanças, que são por lei destinadas ao cofinanciamento da habitação e do saneamento. Se fosse privatizada, estaria sendo estrangulado o último lugar por onde se pode imaginar o financiamento da moradia, dos sistemas de saneamento básico para os municípios, e para comunidades mais pobres. O BNDES, BASA e o Banco do Nordeste têm o papel de Banco de fomento. É deles a tarefa central de equilibrar no financiamento uma daquelas três condições competitivas; é deles o papel de alavancar as exportações, o esforço em relação às pequenas e médias empresas, o esforço para a substituição das exportações. O que eles não podem ser é local de financiamento dos grandes. O BNDES foi usado para financiar privatização de empresas brasileira para o capital estrangeiro. Cerca de 37% das privatizações foi financiado com o dinheiro público, que não há disponível para o pequeno empreendedor nacional. Por isso corro o risco de muitas vezes ser mal entendido, mas estou propondo uma compreensão estratégica dessa questão básica da engenharia econômica, pois esta pergunta diz com a maior clareza: no Brasil o nível de emprego caiu, a massa salarial está encolhendo, cada vez produzimos mais com menos gente, o setor público está se endividando muito, apesar de estar arrecadando recorde de impostos, a Previdência está desfinanciada por que a informalidade já atinge 57% da força de trabalho do Brasil. E apenas um setor acumulou o maior lucro da história do capitalismo mundial, desde que os Fenícios, na Antigüidade, inventaram a taxa de juros e o setor financeiro. No mesmo período em que a economia ficou com a menor média de crescimento, que os empregos definharam, que as falências e concordatas aumentaram, que a inadimplência aumentou, enfim, que toda a economia sofre com expressões de agonia, um único setor desta mesma economia, deste mesmo país, num mesmo período teve o maior lucro da história do sistema financeiro mundial desde a Antigüidade. Evidentemente que o modelo que aí está foi montado para transferir renda da sociedade trabalhadora e da produção para o setor financeiro tendo como intermediário o governo, por meio do manejo da dívida pública. Tudo que estou dizendo é isto: precisamos mudar o modelo econômico para quebrar esse mecanismo de transferência de renda e fazer com que o Estado recuperado, energizado, liderando o processo de afirmação de nível alto de poupança, prestigie a quem trabalha e produz .

▪ **Pergunta nº 2:** O senhor poderia discorrer acerca da engenharia que vai desonerar o setor produtivo, objetivando direcioná-lo para a geração de emprego?

Ciro Gomes: A idéia é um sistema tributário simples, que é construído em processo gradual, de transição. O norte do modelo é desonerar os salários e a produção, fortalecer a produtividade e a capacidade de comprar da sociedade para expandir o Mercado interno, e com esses dois passos estabelecer estratégia de elevação da poupança – chave para o investimento e para o desenvolvimento – e transferir o peso do financiamento sadio do setor público para o consumo das classes mais altas, mais abastadas e para os ganhos de capital.

O modelo seria no limite cinco impostos de efeito arrecadatório substituindo todos os atuais impostos e processualmente dando maior transparência, maior simplicidade e controle social. O modelo funcionaria com um IRA, que é um imposto do mundo. Quem já teve ocasião de viajar sabe que a grande forma moderna de tributar que o mundo mais avançado descobriu é tributar no consumo. No nosso caso, com milhões de pobres e famintos, excluem-se cesta básica, aluguéis e uma lista de medicamentos de consumo continuado. A partir desse ponto, cobra-se do consumo na nota fiscal. Quando se vai comprar uma roupa, paga-se para o comerciante um preço, e o imposto é destacado, para saber que é diferenciado, uma relação com o Estado, para ganhar a consciência de cidadania.

O segundo seria um imposto seletivo sobre uma lista específica de produtos e serviços, como bebidas, cigarros, cosméticos, carros de passeio, e se cobraria um imposto específico sobre esta lista. Pretendo incluir nesta lista a oferta de serviço privado de telecomunicações e energia elétrica tirando a faixa mínima do povão que ficaria isenta. E, a partir desse ponto, quem consumisse mais, pagaria mais. O terceiro é o imposto sobre heranças e doações. O fato é que no Brasil o imposto sobre grandes fortunas que está no debate introduzido pelo PT, e que eu respeito, não arrecadaria, por uma circunstância que explico: no Brasil, não há grandes fortunas como tal para serem tributadas, pois adotou-se no País a idéia de pessoa jurídica, *holding*, por exemplo, e o dono da *holding* recebe um pró-labore mínimo e todos os custos são contabilizados na empresa. De maneira que a tributação sobre grandes fortunas não arrecadaria nada. Mas, sobre herança e doações arrecadaria muito, pois, quando o proprietário morrer, as suas cotas na *holding* transmitir-se-ão por herança e, então, o Estado pega uma parte para distribuir para os deserdados.

O quarto tributo seria o imposto sobre a propriedade, que, na minha proposta, é direto progressivo e não-declaratório. A chave de compreensão disto é que o Imposto Territorial Rural brasileiro já é progressivo, mas, como ele é declaratório, não arrecada nada, pois sua majestade fica esperando que o barão avise que está sobre um latifúndio improdutivo, pois é só declaratório. Mas, como hoje se dispõe de sensoriamento por satélite, não há razão para que o tributo sobre a propriedade não seja feito com lançamento direto, não-declaratório.

E por fim, um outro que gerou uma polêmica que tentam desqualificar. No Brasil, o imposto sobre a renda virou imposto sobre salário, e isso é uma injustiça. Estou introduzindo uma idéia, que não é minha, mas do professor Carton, que imaginou um imposto que não incidisse sobre a renda e, sim, a partir de um corte médio alto para cima, apenas entre a diferença entre a renda poupada, que ficaria isenta, e a renda consumida. Então, em vez de ser sobre renda seria sobre o consumo. Funciona assim: até a classe média, zero; da média classe média para cima, consumiu pouco, poupou pouco, zero imposto, a parte consumida paga um pouco de imposto. Ao chegar encima, pode-se cobrar progressivamente de forma pesada até um por um. Este tributo não tem ainda experiência prática no mundo, mas é evidente que a CPMF também não tinha e agora dois países a adotam: o Brasil e a Argentina. E este é um tributo cumulativo, que fica onerando a cadeia exportadora. É regressivo, pois o funcionário público, quando, no final do mês, tira seu salário do banco, paga como o rico que usa o dinheiro para comprar uma lancha, com a mesma alíquota. Revogaria todos os outros ficando apenas com esses cinco, lembrando que isso demandaria a aprovação de 3 em cada 5 deputados federais e senadores, Então, a tarefa não é só do presidente, senão como Chefe de Estado: mediar os conflitos, indenizar frustrações e marcar a data do debate. Isso eu vou fazer.

Pergunta nº 3: Quais são suas propostas em relação ao meio ambiente, especialmente com relação à diminuição constante das áreas de reserva no País e à exploração internacional da Amazônia, a questão do lixo e das reservas de água potável em todo o território nacional?

Ciro Gomes: Estamos desenvolvendo nosso projeto de desenvolvimento nacional rebatendo cada indicação de acordo com a Agenda 21, comprometendo o projeto com a sustentabilidade ambiental também. Estou visitando muitos lugares no Brasil e tenho muitas idéias abaladas, preconceitos também, felizmente a tempos removidos. Olhando a Amazônia, para citar um exemplo, a minha impressão é a que chega pela mídia, de que estava em processo de destruição completa, vulnerável à biopiratária etc., mas, andando por lá, verifiquei que parte disso é verdade e que há outra questão: praticamente todo o pensamento sobre Amazônia dominante na burocracia brasileira não dá participação ao amazonida. Fundamentalmente há uma queixa extensa lá de que tudo é deliberado por acadêmicos do centro-sul do País e por burocratas de Brasília. Pouquíssima participação de lá. Eles propõem coisas bem razoáveis como: o que precisa de ser feito sobre a Amazônia é entendê-la, mapear, estabelecer mapeamento florestal, agroecológico e dos solos. Em Rondônia, tem-se fábrica de granito. Em solos do Amapá tem-se argila. Tem-se uma savana que não tem nada a ver com a floresta. Pode-se mergulhar na base da Petrobrás, de onde deve partir o gasoduto em direção a Manaus, e lá o chão é areia e, se desmatar, vai virar um deserto imenso. Já há, nas Universidades e mesmo entre os empresários que foram desafiados em um primeiro momento a abandonar a atitude predatória, resposta amazonida para estas questões. Estou extremamente sensível a elas e quero debater com especialistas e críticos teóricos e ouvir referências de ONGs como o Green Peace e o WWF, que respeito. Mas acho que o rumo é uma modelagem de desenvolvimento sustentável que compreenda a necessidade do homem amazonida de viver. Mergulhei um dia inteiro num seringal, sem fotógrafo, sem jornalistas para entender a economia extrativista da borracha e os seus subsídios, etc. É fascinante por um lado e chocante por outro.

Quanto à questão urbana, creio que agora começamos a ter as ferramentas institucionais próprias, mas não todas. O estatuto da cidade, que demorou tantos anos para sair, é moderníssimo. Permite coisas importantes em matéria tributária progressiva, em consórcio de municípios e para o uso e a ocupação dos solos e dos recursos hídricos da cidade, permite intervenções fundamentais em regularização fundiária em áreas ocupadas e a formalização das casas das famílias que estão nas favelas e palafitas do País. Falta outra ferramenta que tem a ver com recursos hídricos e saneamento básico e lixo. Este projeto está parado no Congresso e o relator é um deputado cearense, Adolfo Marinho, e entende bastante do assunto.

Há algumas discussões que, de novo, têm a ver com o marco da economia política. O atual marco da economia política prevê a privatização do saneamento básico. Acho que isso é imprudência grave e não porque tenha preconceito contra o remédio da privatização, que penso que às vezes pode e deve ser usado, mas por causa do corte de renda. Sempre chamo a atenção para a geografia do Rio de Janeiro. A Rocinha está ao lado de São Conrado e o saneamento básico tem de integrar e dar destino final ao mesmo esgotamento sanitário dos dois bairros. São

Conrado tem a mesma renda *per capita* da Califórnia e pode pagar o imobilizado do mais sofisticado sistema de esgotamento sanitário e tratamento de lixo que houver e ainda dá lucro para uma impresa privada que se interessar. Mas a Rocinha não tem renda que suporte nem remunerar o imobilizado precário que existe hoje, quanto mais financiar os custos operacionais. Se privatiza o melhor, como foi feito com o setor de rodovias, com o tráfego mais intensivo, deixando o pior para o Estado manter, de onde vai vir o dinheiro? Privatiza-se a distribuição de energia elétrica, que é o melhor, deixando o pior que é a transmissão e a geração para o setor publico; de onde virá o dinheiro? Privatiza-se o melhor do saneamento básico e deixa-se o pior para o Estado. Se fizer como estão querendo mostrar que foi grande êxito, de fato a expansão foi extraordinária, mas o prejuízo e a inadimplência fizeram o governo pensar em utilizar os recursos do FUST, que teoricamente seria para financiar Internet nas escolas, para financiar a telefonia na baixa renda que não dá conta de pagar. O que significa financiar o prejuízo das empresas privadas internacionais que compraram a Telebrás por 22 quando em 1994 ela valia 42 bilhões de Dólares? Não pretendo privatizar e acho que esta questão será resolvida com o novo marco regulatório, e isto é muito mais uma política local do que federal.

Pergunta nº 4: O senhor expõe a taxa de juros como um ponto essencial à estabilização da economia brasileira, mas quais os passos que pretende seguir para diminuição desta taxa a níveis de países como o Japão e os Estados Unidos sabendo que para tal certas pre-condições como baixo desemprego e relativo bom desempenho da balança comercial e moeda forte são alguns dos elementos essenciais para a diminuição da taxa de juros.

Ciro Gomes: Taxa de juros está dessa altura porque as pessoas que nos governam gostam disso. Tenho bem clara esta percepção. Minha censura é com relação ao modelo que implantaram e que administram e que provoca consistentemente uma taxa de juros impossível. Pois, se a taxa de juros põe-se acima do lucro do comércio, da indústria e da agricultura, a economia pára. Porque está assim, porque juro, me perdoem a metáfora, é preço de dinheiro e estamos funcionando com dinheiro como se funciona com banana no Mercado. Se tiver pouca banana e muita gente querendo, podendo e precisando de comprar banana, na mesma hora, o preço da banana sobe, ou seja, se tiver pouca oferta e demanda muito grande sobre aquela oferta, o preço dela, por uma lei básica da economia, sobe. O que está acontecendo com o Brasil? O governo termina o ano com um *superavit* primário de 25 bilhões de Reais mas com uma conta de 100 bilhões de Reais de juros para pagar. Como, para a inflação, o Plano real fechou a porta, o governo está demandando dinheiro para o financiamento do seu desequilíbrio. Então, há demanda muito alta do governo por uma oferta de dinheiro que o Plano Real faz limitada a partir do governo. E, ao mesmo tempo, a sociedade quer crédito para fazer seu crediário, para seu cheque especial, para produzir, para a agricultura, para descontar duplicata, para financiar moradia, então há demanda por crédito na sociedade que faz que muitas demandas sobre poucos recursos e o preço do dinheiro sobe. Ao lado disso, tem-se outro problema que é o terço de cima da taxa de juros, que é de novo o rombo do País com as contas estrangeiras. Então, tem-se este ano US$ 21 bilhões de *deficit* e no Mercado externo mais 27 bilhões de vencimento da dívida externa, e o Mercado externo não cai na enganação da propaganda a serviço do governo que nos desorienta aqui dentro e uma crise nos Estados Unidos que atinge estes dois perfis. O que resolve: a equação de demanda do setor público, por isso falo em reforma tributária, na refundação da base de financiamento da Previdência, na eliminação do *deficit* externo e no manejo austero da dívida pública, no alongamento gradual não-unilateral, não-impositivo, apenas negocial apenas dos prazo de vencimento da dívida. Isso faz a taxa de juros cair sem efeito inflacionário, caindo a taxa de juros, que não vai ser do dia para a noite, mas se tiver um nível consistente de queda e os níveis de juros começarem a se aproximar do nível de lucro dos negócios, a economia volta a crescer, em um primeiro momento a passos mais discretos, mas então os problemas começam a funcionar em círculo virtuoso, mais crescimento, menos tensões, mais facilidades políticas para que o País entre em rotina de crescimento sustentável. Está é a idéia que estamos tentando explicar para o povo brasileiro. Por favor, ajudem.

Pergunta nº 5: O senhor faz parte de uma legenda que contém a expressão socialista. O socialismo está presente em seu programa e estará presente em seu governo?

Ciro Gomes: A minha formação é social democrata, sou muito franco, e não quero parecer o que não sou, me filiei ao PPS porque de fato tem a expressão socialista, tenho absoluta afinidade com seu programa, e nos seus documentos eles aceitam a militância de sociais democratas e compreendem a necessidade que o País tem nesse momento histórico: pelo menos um projeto generoso de centro-esquerda incluindo a capacidade de dialogar com setores conservadores da base produtiva nacional, do campo e da cidade. Portanto, estou perfeitamente confortável, e todos os nossos debates teóricos dão-nos grande satisfação de estar além do padrão ético notável em um Partido que finalmente me deu grande alegria integrar. Espero que, no poder, não faça como outros Partidos que também me deram muita alegria e, no poder, jogaram tudo fora em troca de projetos mesquinhos e projetos pessoais. O nosso projeto é de centro-esquerda, que significa ser economia de Mercado com a recuperação da capacidade de intervir, coordenar, planejar e estabelecer parceria no estado nacional brasileiro.

▪ **Pergunta nº 6:** Acredito que as propostas do senhor para o governo e para o desenvolvimento do País são efetivas e corretas e também creio na sua determinação para executá-las. Tenho dúvidas com relação a pessoas que o rodeiam e, caso o senhor seja eleito, podem vir a influenciar o seu governo como políticos de um passado sombrio. Qual seria a solução para a construção de alianças para o Brasil?

Ciro Gomes: Volto a referir que, sem hegemonia moral e intelectual clara, não há como fazer no Brasil governabilidade, muito menos reformas estruturais sem conviver com a superestrutura representativa assim como ela é e não como nós imaginaríamos como ela deveria ser. É claro que se pode ter uma participação na política intransigente. Tenho profundo respeito por isso, mas assim não se pode propor ser Presidente do Brasil. Pois o Presidente do País, sob uma hegemonia moral e intelectual clara, e o norte disso é o programa, e sob o ponto de vista ético. É a ética republicana, que não consulta manhas pessoais ou individuais, determina controles da sociedade sob sua representação. A ética republicana determina procedimentos para o caso de cometimento de falhas, pois ela define a falibilidade humana. A ética pequeno burguesa muitas vezes, quando acaba de subornar um guarda para não levar multa de trânsito e vai para o um auditório exigir intransigência moral e ética com as pessoas, é compreensível, mas a ética republicana estabelece regras, pois você não vai ser ditador do país, vai apenas ocupar uma engrenagem do poder real, que é a Presidência da República. Tem de lidar, negociar, transigir, naturalmente sem abrir mão da hegemonia moral e intelectual, pois é isso que fragiliza o projeto e vai dialogar e fazer as coisas andarem. Se houver empasses, a sociedade tem de ter controles instrumentais de novo para não precipitar o País em crise. Já tivemos suicídio, renúncia, *impeachment*, ou coisas menos éticas, mas podemos introduzir mediações mais modernas na variável institucional brasileira e sempre consultar os rituais do estado de direito democrático.

Pergunta nº 7: O diploma superior foi banalizado no Brasil com o número absurdo de novas instituições que abriram vagas recentemente. Qual a solução que o senhor encontra para esses jovens que se originam dessas instituições, que não têm qualificação necessária e são lançados de qualquer modo no Mercado de trabalho?

Ciro Gomes: A Universidade Pública brasileira dá 4,2% de matrículas aos jovens de 19 a 27 anos. Isso é um dos menores volumes do mundo. O sistema todo recém-expandido, com uma liberalização a meu juízo imprudente, tem por volta de 7% de matrícula na rede privada. Salvo ilhas de excelência, por mérito, não responde pelas avaliações que se tem pelos Provões, etc., a um padrão mínimo de qualidade. Entretanto, seria uma mistificação com a crise que temos agora neste setor imaginar, no prazo de um mandato de 4 anos, que pudéssemos fazer grande solução estrutural para isso. Acho que temos de começar a fazer. De um lado, devemos aprimorar os programas de avaliação e ter um pouco mais de austeridade no descredenciamento de Universidades. Constrange-me mas terei de me render à idéia de fortalecer o financiamento público para o filho do pobre que não pode pagar e está na Universidade particular, mas centralmente a nossa prioridade será este choque de qualidade e tentar expandir, com a maior velocidade possível, a presença da Universidade Pública brasileira. Dizem-me – e eu gostaria de receber contribuição do Conselho de Reitores e de outras representações, embora saiba que seja questão polêmica, mas não vou desviar de questões polêmicas – que há capacidade ociosa instaladas nas Universidades brasileiras hoje, seja turnos ociosos, seja em turmas por evasão em muitos cursos, e acho que deveríamos ampliar a instalação para otimizar a capacidade instalada. Compreendo que não se pode expandir a jornada de trabalho do professor, e podemos fazer a expansão por um sistema de prêmios, por adesão voluntária, mas a idéia é colocar os três turnos para funcionar e, a cada evasão, abrir processos seletivos para egressos da escola particular entrarem por intermédio de cursos. Espero as críticas para saber se é, ou não, necessária esta providência.

▪ **Pergunta nº 8:** Recebeu tratamento especial no volume 1 do livro *Brasil em Questão*, em um dos pronunciamentos do Senador Roberto Freire, as cotas de vagas para negros nas instituições de ensino superior brasileiras. Segundo ele, muitos críticos querem colocar o assunto no bojo de políticas de combate à pobreza, mas a pobreza não tem cor, atinge a todos, assim como a violência que não guarda necessária nem diretamente relação com a pobreza. Qual é sua posição?

Ciro Gomes: Vou arriscar não ser simpático para ser fiel à minha integridade intelectual nesse caso. Definitivamente, não consegui me convencer ainda de que, à luz da realidade brasileira, a política de cotas seja a melhor política. Não tenho convencimento oposto. Tenho tido esta discussão com meu companheiro Roberto Freire que é comovidamente convencido de que esta é a melhor solução. Mas conheço o Nordeste e os caboclos brasileiros. Eles também são uma etnia? Eles também têm direito a uma cota? Quero apenas lhes confessar uma perplexidade: nos Estados Unidos, onde se iniciou esta política, compreendo e dou testemunho de que não está funcionando, porque Universidade é, em si mesma, instituição meritocrática. Nada pode tirar isso da Universidade, nenhum tipo de contemporização, populismo, demagogia ou boa intenção pode ou deve tirar da Universidade seu caráter meritocrático. Entra nela quem tem mérito. É assim que tem de ser. É claro que se discrimina no Brasil, e tenho procurado as entidades da ordem brasileira porque estou perplexo e não tenho verdades para colocar no lugar, tem grupos afros no Partido e, por opção divergente, muitos grupos não os aceitam porque consideram uma forma discriminatória às avessas e eu estou aberto para aprender.

RESPOSTAS ÀS QUESTÕES DE C&T*

- **Pergunta nº 1:** Inovação tecnológica e competitividade das empresas brasileiras

Ciro Gomes: A questão da inovação é central na equação do desenvolvimento brasileiro. A economia brasileira internacionalizou-se e integrou-se ao Mercado global, mas continuou praticamente

* As propostas para C&T aqui apresentadas foram editadas do conjunto de entrevistas feitas pela ABIPTI – Associação Brasileira das Instituições de Pesquisa Tecnológica, primeiramente publicadas no Informativo *Gestão C&T – Informação e Comunicação para os Sistemas Estaduais de C&T*, Centro ABIPTI de Informação Tecnológica, ano 2, número 23, ago. 2002, p. 3 a 7.

estagnada. O Brasil corrigiu o isolamento sem eliminar sua histórica condição subalterna. A inovação sintetiza, no mesmo conceito, a idéia de conhecimento, produção e competitividade. O ponto básico é saber como estes três elementos – a produção de C&T, a produção industrial e as relações do comércio internacional – podem-se integrar em um sistema harmônico, coordenado e eficiente para que exista inovação de fato no Brasil.

O fato de termos eficiente base científica – motivo de orgulho quando produz vitórias expressivas no setor agronômico, aeronáutico ou na biotecnologia – e pujante infra-estrutura industrial não significa que já temos inovação. Portanto, na nossa visão, é necessário sedimentar as bases da inovação, com o fortalecimento da P&D nacional, acadêmica e empresarial. Quais os instrumentos? Políticas precisam ser geradas respeitando padrões coletivos de decisão. Desconfie de quem lhe der toda a receita agora. Mas podemos antecipar cinco pontos que fazem parte das diretrizes gerais de nosso Programa:

- Oferecer financiamento estável à C&T nacional: quem trabalha com P&D sabe que a atual instabilidade é tão nociva ao Sistema quanto a escassez de recursos;
- Aperfeiçoar os mecanismos existentes dos Fundos Setoriais: os Fundos são uma alentada promessa para corrigir a instabilidade, mas não estão consolidados. Portanto, para não perder o enorme potencial que a proposta encerra, é preciso avaliar, para ajustar e consolidar;
- Aperfeiçoar o funcionamento do Conselho Nacional de C&T (CCT), diretamente subordinado ao

Presidente da República: esse Conselho somente faz sentido se nele a Ciência e Tecnologia forem tratadas na dimensão e na complexidade da inovação. A C&T, que está presente em todos os ambientes do Governo Federal e da sociedade, deve ser eficiente instrumento de desenvolvimento social e econômico e deve atuar em consonância com as demais políticas de desenvolvimento. Esse ponto é crítico e, por isso, convocaremos cientistas, empresários, parlamentares e alto dirigentes do poder executivo para discuti-lo;

- Fortalecer o Programa Brasileiro de Qualidade e Produtividade (PBQP): esse é bom exemplo de programa de apoio à inovação. Sua menção isolada em nosso Programa para a C&T tem dupla função. Tanto serve para realçar um exemplo de programa necessário, como para firmar posição: todos os programas e os projetos que afetem positivamente o "ambiente da inovação" serão fortalecidos. E se houver necessidade de outros, devem ser convocados a comunidade científica e tecnológica, o empresariado ligado à P&D e o movimento sindical para ajudar na formulação de políticas e ações de fomento e estímulo à C&T;
- Fortalecer a engenharia nacional, acadêmica e industrial: as estatísticas sobre a engenharia brasileira mostram que ela é nicho de qualidade, mas ainda pequena. A política de inovação exigirá sua modernização, ampliação e correção de rumo. Sem isso, não conseguiremos revitalizar a indústria brasileira e, em especial, a indústria de componentes.

Pergunta nº 2: Meta de aplicação de recursos (públicos e privados) em P&D, como proporção do PIB: áreas a serem priorizadas

Ciro Gomes: Estamos todos de acordo que a participação do orçamento nacional de P&D em relação ao PIB é pequeno. Afirmar um número mágico seria demagógico, expressão de mero desejo e não acrescentaria informação válida alguma. Esta não é apenas uma questão de vontade e decisão, mas de capacidade nacional de investimento. Gostaríamos muito de que subisse para 2% do PIB, mas o que isto significa? Para chegar a qualquer patamar superior, deveremos concordar que é preciso, primeiro, fazer que o orçamento nominal seja real. Não adianta crescer em espasmos irregulares e depois retroceder, com corte e contingenciamento.

Crescer, consolidar e dar o próximo passo. Veja o exemplo dos Fundos Setoriais que não estão consolidados e ainda são vítimas, por via indireta, das armadilhas do contingenciamento, ou seja, se conseguirmos, no primeiro ano de governo, garantir orçamento sólido, estável e contínuo, será passo importante. Após os ajustes na área econômica e fiscal, pondo em marcha integração maior entre C&T e a política de produção, poderemos crescer. Crescer, no caso, dentro do quadro geral da inovação, isto é, procurando relacionar o esforço científico à produção industrial e à educação de qualidade.

As áreas de conhecimento que deverão ser priorizadas? Aparentemente é pergunta fácil de responder. Bastaria citar algumas que estão listadas no programa original, por exemplo, as vedetes da modernidade: materiais, telecomunicação, microeletrônica, biotecnologia, nanotecnologia, informática e mais uma meia dúzia. Mas esta é apenas indicação genérica.

Seria mais adequado propor que o detalhe desta questão fosse resultado de um trabalho posterior. Quem melhor dirá é o próprio sistema de inovação, de um lado; o sistema produtivo que demanda, do outro, bem como as grandes instituições de pesquisa, incluindo as Universidades, a Academia de Ciências, as sociedades científicas e outras.

Pergunta nº 3: Regionalização das ações de C&T: iniciativas para reduzir as desigualdades regionais a partir de investimentos em C&T e Inovação.

Ciro Gomes: Quando fui Governador do Ceará, criei a Secretaria de Ciência e Tecnologia e implantei a Fundação de Amparo à Pesquisa. Relutei, a princípio, porque em um estado muito pobre, com níveis baixos de desenvolvimento social, o primeiro impulso é investir em programas sociais ligados à educação básica, à saúde, à pobreza. Percebi, contudo, que estava errado e precisava, com alguma moderação, abrir espaço para a área de C&T, principalmente em projetos que valorizassem a inovação e a educação tecnológica. Hoje tenho certeza de que agi certo.

O esforço da P&D nacional para consolidar o projeto de inovação precisa do apoio dos estados, dos municípios e do setor privado. O esforço isolado do Governo Federal não será suficiente para corrigir o fosso regional existente. Sem a decisão política local para despertar o ambiente científico, nada adiantará. Veja a beleza do exemplo da *Xylella*, coordenado pela FAPESP. Se não tivesse havido um trabalho de muitas mãos entre o Governo Federal, o Governo de São Paulo e outras fontes, não contaríamos com essa vitória de expressão internacional, que nos alçou ao patamar superior da pesquisa genética. Em síntese, as desigualdades diminuirão onde houver vontade local para superar as deficiências, isso tanto aqui no Brasil como em qualquer outro lugar do mundo.

A orientação do nosso programa é para que o Governo Federal não perca, e até aumente, a função catalizadora desempenhada nos anos 80 pelo CNPq e, mais recentemente, pelo MCT. E que não falte estímulo aos estados onde a vontade dos empresários, da academia e do governo local se manifeste, de preferência sob a forma de projeto de CT&I. O apoio isolado a um projeto de C&T, por mais relevante que seja para a educação e para o próprio desenvolvimento científico, não deve ser negado, mas perde força e oportunidade porque não se engaja, desde logo, na trilha da inovação.

Pergunta nº 4: Manutenção de instrumentos de financiamento à pesquisa e à inovação, como, por exemplo, os Fundos Setoriais

Ciro Gomes: Os Fundos constituem idéia criativa, tão brilhante quanto foi o FNDCT no início dos anos 70. De nossa parte, há somente a disposição de consolidar a experiência e, caso surja necessidade de alguma correção de rumo, a realidade nos dirá. O princípio é simples: qualquer proposta, vigente ou futura, que favoreça e consolide o ambiente da inovação será prestigiada. Desconhecemos a existência de alguma avaliação dos Fundos e achamos que, se não existe, precisa de ser feita. Esse comentário não sugere a desconfiança nem a percepção de alguma coisa errada. Ao contrário, apenas afirma uma convicção de que boas iniciativas não se podem perder por falta de avaliação.

■ **Pergunta nº 5:** O projeto de Lei da Inovação estabelece medidas de incentivo à pesquisa e à inovação e cria mecanismos de gestão aplicáveis às instituições científicas e tecnológicas na sua relação com as empresas. Quais outros mecanismos poderiam ser propostos no sentido de promover a inovação como estratégia de aumento da competitividade do setor produtivo brasileiro?

Ciro Gomes: Não conhecemos os detalhes do Projeto de Lei da Inovação, mas simpatizamos com a iniciativa e a aplaudimos, até mesmo porque a idéia inicial partiu de um projeto do senador Roberto Freire, um homem experiente e de critério. Às iniciativas que valorizem e consolidem as bases do que se convenciona chamar de "sistema de inovação", reafirmaremos sempre o nosso apoio.

Para promover a inovação como estratégia de aumento da competitividade é preciso amplo e variado cardápio de atividades, programas e legislações. Medidas, nesse sentido, foram tomadas desde o início dos anos 90, e não se pode negar que algumas foram boas. O Brasil ganhou bastante com as legislações de incentivos dos anos 90, mas, pergunta-se, o que geraram na ponta do sistema? Pouco, muito pouco. Para aumentar o volume de resposta, defendemos uma ação concertada sobre o ambiente geral da inovação, que é a própria sociedade, com suas qualidades e defeitos. Os resultados não dependem apenas da política científica e tecnológica. Daí porque se C&T deficiente ofende a inovação, juros altos também ofendem a inovação. Se burocracia emperrada ofende à inovação, pouca pesquisa básica também ofende à inovação. E a falta de pesquisa na empresa inclui-se, igualmente, entre as ofensas à inovação. Esperamos que o citado Projeto de Lei da Inovação cubra algumas deficiências e seja mais um conjunto de elos que ative o processo geral da inovação.

■ **Pergunta nº 6:** Papel do Centro de Gestão e Estudos Estratégicos (CGEE), órgão de assessoramento do MCT criado em setembro de 2001 como um dos resultados da Conferência Nacional de CT&I

Ciro Gomes: O Centro é, em tese, boa proposta. Por sinal não é nova, porque existiu um centro similar destruído no período Collor. Um órgão de assessoramento que estuda, informa, examina opções e produz exercícios de futuro é necessário ao Governo e ao setor privado para que consiga viabilizar a inovação. Portanto, devemos esperar que se consolide e mostre resultados. Como se trata de uma instituição jovem, em formação, ainda não avaliada, pode até requerer algum tipo de ajuste fino. O importante é reter o princípio básico de que todas as instituições novas ou tradicionais que cumprem funções essenciais à inovação serão prestigiadas. As novas devem realizar funções complementares às das agências tradicionais, a exemplo do CNPq, CAPES e FINEP, referências importantes no fomento à inovação.

Do ponto de vista institucional, nossa percepção é de que o Brasil está com um elenco que guarda certa harmonia e boa complementaridade. Corrigindo o financiamento, completando as legislações que favorecem o esforço da inovação e ajustando os aspectos gerais da economia que afetam negativamente o emprego, a pesquisa e a sala de aula, o conjunto institucional produzirá mais e melhor.

Discurso e respostas

Anthony Garotinho

Gostaria de fazer uma análise da situação que vivemos hoje no nosso país. Para o Partido Socialista Brasileiro, a questão central é a falta de um projeto de desenvolvimento. Certamente aqueles que idealizaram a Universidade de Brasília tinham em mente um projeto para esta Universidade. Todos aqueles que vão iniciar qualquer atividade têm um projeto. Qual o brasileiro é capaz de dizer hoje como vê o Brasil daqui a dois anos? O Brasil não tem projeto.

E, por falta de projeto, chegamos a esta situação. Então, para nós, a questão central e fundamental é o estabelecimento de um Projeto Nacional de Desenvolvimento.

Fundamentalmente, para se estabelecer um projeto nacional de desenvolvimento, é preciso mudar paradigmas. Quais as diferenças fundamentais entre os paradigmas atuais, do projeto neoliberal implantado no Brasil, e aquele que queremos implantar? Primeiro, o projeto implantado no Brasil é, claramente, voltado para favorecer o capital financeiro, em detrimento do setor produtivo da economia. Basta olhar os lucros apresentados pelos bancos que atuam no Brasil e verificar os outros setores da economia.

Anthony Garotinho é candidato à Presidência da República pela Coligação "Frente Brasil Esperança" (PSB / PGT / PTC).

* O debate teve como moderador o professor Estevão Martins do Departamento de História da UnB.

A indústria, o comércio, o cidadão comum, todos amargaram retrocesso, enquanto o sistema financeiro brasileiro e internacional auferiram lucros que jamais foram conquistados em outro período da nossa história. Chegamos ao ponto em um banco brasileiro, apenas realiza lucro maior do que o da Volkswagen fabricando automóveis em todas as suas fábricas do mundo. Isso ele faz emprestando o dinheiro que depositamos no banco, que nos é remunerado a 6 ou 7% ao ano na caderneta de poupança, mas nos é emprestado a 140% no cartão de crédito ou no cheque especial.

Então, a primeira questão deste novo projeto nacional de desenvolvimento, concebido pelo Partido Socialista Brasileiro, é que o sistema financeiro não pode, em hipótese alguma, continuar sendo o grande beneficiário o modelo econômico implantado no País. É preciso redirecionar a economia para o setor produtivo e, para que isso ocorra, é tomar algumas medidas como, por exemplo, implementar uma reforma tributária que desonere o setor produtivo brasileiro, as exportações brasileiras, e que possibilite a cobrança de imposto sobre os lucros dos Bancos.

Qualquer cidadão brasileiro paga mais Imposto de Renda do que pagam os Bancos. Isto é escandaloso. Isto é vergonhoso e impensável perante qualquer sociedade civilizada.

Precisamos de estabelecer a mudança do modelo de concentração de renda para um modelo que seja distribuidor de renda. Não se pode confundir concentração de renda com crescimento. Muitos que estão aqui sabem que o Brasil cresceu bem durante um período da nossa história. Cresceu concentrando. Cresceu para os que já tinham. O problema não é crescer. É crescer e distribuir. O atual modelo, pelas suas características, pela sua própria base de sustentação, concentra a renda. Os indicadores sociais mostram esta situação. O Brasil tem hoje um salário mínimo de R$ 200,00 mensais, enquanto o Paraguai, com uma economia bem mais pobre, tem um salário de U$ 150.00 mensais. É uma humilhação para o povo brasileiro. A nossa proposta, mostrada de forma objetiva no nosso programa de governo, é recompor o salário mínimo em primeiro de maio de 2003 para R$ 280,00 e em primeiro de maio de 2004 para R$ 400,00.

Não me digam os senhores economistas do governo que não há dinheiro para isso. O impacto é de R$ 21 bilhões no primeiro ano. Este é o montante que o governo tem de despender para colocar o salário mínimo em R$ 280,00. Os economistas que dizem que não há dinheiro para que o salário mínimo seja de R$ 280,00 são os mesmos que, no ano passado, pagaram, de juros e amortização da dívida, R$ 108 bilhões aos Bancos. Não há dinheiro para se fazer um processo de distribuição de renda no País, mas há dinheiro para concentrar renda cada vez mais, beneficiando os Bancos e o sistema financeiro nacional e internacional. Esse dilema é falso. Gostaria de deixar claro que não há outra medida que possa distribuir renda de forma mais rápida e efetiva do que o salário.

Programas compensatórios são importantes e necessários em países como o Brasil, mas não distribuem renda. O que distribui renda é salário. Salário é o instrumento que pode chegar a qualquer lugar do País. Levando-se em consideração a pirâmide social brasileira, em que imensa maioria ganha salário mínimo e parcela expressiva ganha abaixo do salário mínimo, é necessário um processo de distribuição de renda no País que tenha, como base, não a esmola e o programa compensatório, mas o salário mínimo para o povo brasileiro.

Então, primeiro precisamos priorizar o setor produtivo, tendo, como instrumento principal, a reforma tributária.

Segundo, sair do modelo de concentração de renda para o da distribuição de renda, tendo, como instrumento principal, o aumento real do salário mínimo.

Terceiro, precisamos de trocar a atual política de instabilidade por uma política de estabilidade. A maior mentira oficial é a que diz que o Brasil vive um processo de estabilidade e, como li hoje nos jornais, o senhor Presidente da República vai pedir aos candidatos à Presidência da República que reafirmem o seu compromisso com a estabilidade. Que estabilidade? O País não tem estabilidade cambial. O País não tem estabilidade comercial. O nosso desempenho na balança comercial é pífio. O País não tem estabilidade do ponto de vista dos seus fundamentos mais importantes. Temos *déficit* em transações correntes. O País cresceu por mais de dez vezes a sua dívida interna. Multiplicou por três vezes a sua dívida externa, infelizmente, com apoio de boa parte da mídia brasileira, vemos a reafirmação pela equipe econômica, de que é preciso manter os fundamentos sólidos da economia brasileira. Que fundamentos sólidos da economia brasileira são esses? O País não exporta. O País tem *déficit* em transações correntes. O País enfrenta crise cambial e já apresentou pela terceira vez pedido de recursos ao Fundo Monetário Internacional. Mas a equipe econômica, com apoio de boa parte da mídia brasileira, vem vendendo uma falsa ilusão de estabilidade econômica, que, na verdade, não existe.

Estabilidade é muito mais do que manutenção de preços. Estabilidade pressupõe uma série de outros requisitos e, infelizmente, o Brasil não alcançou, nestes oito anos do governo de Fernando Henrique, nem alcançará, a estabilidade, se não houver rompimento com esse modelo econômico que hoje estamos levando adiante no nosso país. Esse modelo não tem chance de dar certo porque não deu certo em lugar algum do mundo.

Já fiz esse desafio em outra Universidade e farei hoje aqui também: se alguém neste auditório me apresentar um lugar no mundo em que o receituário do Fundo Monetário Internacional aplicado à risca deu certo, eu retiro a minha candidatura. Só quero um. Todos os países que aplicaram o receituário do FMI amargaram os mesmos problemas que o Brasil está amargando. Essa é uma receita velha, conhecida, superada, e que só países subservientes, incompetentes ou vendilhões da pátria podem admitir.

Como um país que há oito anos tinha uma dívida de 62 bilhões, vendeu 70 bilhões, dez por cento de seu PIB, que era seu patrimônio, e hoje não tem patrimônio e deve mais de 700 bilhões?

Então, é fundamental que saiamos dessa política de instabilidade e adotemos uma política de estabilidade, que tenha, como instrumento principal, o planejamento estratégico de curto, médio e longo prazo, que foi abandonado pelo atual governo, pois não há política de planejamento.

Por isso comecei minha palestra perguntando quem ou qual é o brasileiro que poderia imaginar o País para daqui a dois anos. Ninguém. Vivemos uma política de curto prazo: um empréstimo hoje para evitar a quebradeira amanhã. Qualquer país que queira ser nação, que não queira ser cassino, que não queira transformar seus cidadãos em estatísticas, um país que não é abstração, tem de adotar políticas de curto, médio e longo prazo. O Brasil não adotou política alguma de longo prazo. Este governo só trabalhou com políticas de curtíssimo prazo, para tentar resolver problemas emergenciais e não plantou nada.

Quando terminarmos a Era Fernando Henrique Cardoso o que poderá se dizer que ficou desta Era? Não ficou nada, porque nem a tal falada estabilidade não é a estabilidade no País e sim a instabilidade do País. O que ficará no final do governo do Fernando Henrique Cardoso é um país empobrecido, com cinqüenta milhões de brasileiros vivendo abaixo da linha de pobreza. País de desempregados, com a maior taxa de desemprego de sua história. País com indicadores sociais que só ganham da Suazilândia e de Serra Leoa.

Isto é uma humilhação para um País que é a décima primeira economia do mundo. Aliás, quando este governo começou, o Brasil era a oitava economia do mundo e a primeira da América Latina, e sai como a décima primeira economia do mundo e perdemos a liderança da América Latina para o México.

Então é preciso trocar o paradigma do sistema financeiro, para o produtivo; trocar o paradigma de concentração de renda para o de distribuição de renda; trocar o paradigma da instabilidade pela estabilidade, com instrumento principal de planejamento estratégico, pensando o país como um projeto de Nação.

Quarto paradigma, pois este modelo econômico foi baseado na estagnação, precisamos de deixar a estagnação e adotar políticas de crescimento. As taxas de crescimento durante a Era Fernando Henrique Cardoso foram medíocres. Se levarmos em consideração que o Brasil dos anos 30 até os anos 80 cresceu em média 5% a 7% ao ano, crescemos nesse período, a média de dois por cento.

Como um país que tem 170 milhões de habitantes, que precisa de criar, só para os jovens que chegam ao mercado de trabalho, um milhão e setecentos mil empregos por ano, pode ter taxa de crescimento medíocre como esta que estamos observando? Então, é preciso implementar política de crescimento, que não nos leve a esse índice, que é de crescimento quase inercial. O governo não faz absolutamente nada para que o país cresça. Esses índices de agora são mínimos para que um país possa crescer. Aliás, é bom lembrarmos que, nos primeiros acordos com o FMI, havia uma cláusula: taxa de crescimento zero. O País não podia crescer por determinação do FMI.

Qual instrumentos usaremos para mudar esse paradigma? Usaremos os instrumentos de crédito de que o País dispõe para financiar as exportações brasileiras, para que não fiquemos dependentes desse Dólar volátil que vem para o nosso país atrás de lucros e depois vai embora. Usaremos os instrumentos de créditos nacionais para que a indústria nacional possa fazer substituição de importação e produzir dentro do nosso país aquilo que produzimos fora do País.

Quando assumi o governo do Rio de Janeiro, todos os estaleiros estavam fechados. E não entendíamos porque, com uma demanda enorme de construção de plataformas, de navios, a Petrobrás fazia navios em Quebec no Canadá, em Singapura, e não fazia no Rio de Janeiro, no Brasil. Reclamavam de *déficit* na balança comercial e continuavam a gastar no Exterior os escassos recursos do Brasil. Reabrimos os estaleiros, por meio de uma política desenvolvida pela Secretaria de Indústria Naval e Energia, criada na nossa gestão, utilizando incentivos fiscais. Hoje, aquele setor que não empregava ninguém emprega dezoito mil pessoas diretamente nos estaleiros. Para cada emprego direto, o setor naval gera quatro indiretos. Ainda assim, com grande dificuldade, plataformas importantes da Petrobrás, como a P50 e a P51, que poderiam ser feitas no Brasil e que custam milhões de Dólares, têm sido levadas para outros países.

Então, trocar o modelo de estagnação pelo de desenvolvimento significa utilizar o sistema de crédito, que é fundamental para que possamos gerar emprego no nosso país e fazer que a economia brasileira possa produzir aqui dentro do nosso país aquilo que importamos de forma desnecessária. Mais do que isso, trocar o modelo de estagnação pelo de crescimento significa organizar as cadeias produtivas brasileiras. Todos os países que obtiveram crescimento e que saíram do modelo de estagnação, organizaram suas cadeias produtivas com gerentes responsáveis. As cadeias produtivas brasileiras trabalham de forma desorganizada. As câmaras setoriais, uma tentativa de organização, foram boicotadas pela equipe econômica do atual governo. O próprio ministro do governo Fernando Henrique pediu demissão, pois não agüentava mais a intromissão da equipe econômica nas suas tentativas de organizar as cadeias produtivas brasileiras.

O quinto ponto é que devemos trocar a nossa forma de inserção no Mercado mundial globalizado. Temos de deixar a forma submissa, aquela desenhada pelo consenso de Washington, que leva os países do Terceiro Mundo e outros dependentes e adotar a forma soberana. Não há possibilidade para o Brasil, e os brasileiros, de ter alguma chance se não trocarmos a nossa relação e a forma de inserção no comércio exterior, nos organismos de debates internacionais, em que o Brasil tem feito um papel, infelizmente, vergonhoso, de total dependência, de total submissão em detrimento de uma inserção soberana. Países com uma economia mais frágil do que a brasileira, países que têm debilidades internas enormes, muito maiores do que as do Brasil, têm uma inserção soberana no mundo globalizado.

O que está acontecendo nesse acordo espúrio que o Brasil acaba de acertar com o FMI? Todos sabemos que as reservas cambiais brasileiras, em moedas, são muito pequenas, um montante de 15 bilhões. O FMI, que é controlado pelos Estados Unidos, para obrigar o governo brasileiro, na primeira rodada de negociação da ALCA, a atender à pressão do governo americano para que o Brasil assine o tratado da ALCA, para isso, permite que o governo brasileiro abaixe o montante das reservas cambiais para 5 bilhões e utilize os 10 bilhões. Libera uma parte de apenas 6 bilhões do empréstimo *stand by*. Assim, o Brasil consegue 16 bilhões, quando precisa de 18 para fechar o ano. O próximo Presidente da República já inicia o governo com uma crise cambial, sem outra opção do que a de recorrer ao FMI para sacar a diferença de 24 bilhões acordados.

O governo americano já está trabalhando em sua política de pressão internacional. Isto pode ser claramente visto pela recente visita do Senhor O'New ao Brasil, à Argentina e ao Uruguai. O empréstimo do FMI será liberado, mas, em contrapartida, o Brasil terá de aderir ao tratado da ALCA, o que não nos é interessante.

Quando se tem posição firme contra interesses internacionais, como estamos tendo, e consta das nossas propostas que são contrárias às atuais políticas de concentração de renda, do sistema financeiro, de dependência externa do Brasil, ganhamos poderosos adversários, mas eu só tenho 42 anos. Fui Deputado com 25, Prefeito com 27, Secretário de Estado com 32, Prefeito novamente com 36 e Governador de Estado com 38 anos.

Nessa eleição, não vim para enganar a população brasileira. Se for para abrir mão dos meus princípios, prefiro perder a eleição. Um candidato não pode abrir mão de seus princípios e não pode abrir mão, sobretudo, da verdade.

Muitos candidatos moderaram seus discursos para agradar o FMI. Muitos deles atenuaram seus discursos temendo a reação dos Bancos. Muitos candidatos fragilizaram suas idéias temendo o posicionamento da mídia sempre hostil a quem fala a verdade neste país. Mas não há de ser nada. Vamos esperar que o povo brasileiro possa encontrar um caminho nessa eleição que o leve a vislumbrar a construção de uma sociedade livre, que seja capaz de ser alicerçada sobre a verdade. Uma sociedade que seja capaz de proporcionar à minha filha e aos jovens brasileiros a discussão do destino do País. Infelizmente, o que ora verificamos é uma inversão total de valores. A economia que, em qualquer lugar civilizado do mundo, é meio, no Brasil se transformou em fim. Não importa quantas pessoas estejam sem casa, o quanto esteja sendo sucateada a Universidade Pública brasileira. O que importa são os fundamentos sólidos da economia brasileira. Para servir a que objetivos? A que propósitos? Na minha gestão não faremos inversão de valores. A Economia não é fim, é meio.

O brasileiro não vota para escolher um Ministro da Fazenda e sim o Presidente da República, que vai orientar a política econômica do País. O Presidente da República tem de ser livre para não fazer política econômica que beneficie a banqueiros, ao capital internacional, mas que coloque um projeto nacional de desenvolvimento e seu país como prioridades.

Infelizmente, ele não merece muito boas referências em termos de comparação, mas tenho de fazê-la, pois mostra o que é soberania. O presidente Bush, quando colocaram na frente dele o tratado de Kyoto, ele disse que concordava com tudo que ali estava, mas não assinaria pois era Presidente dos Estados Unidos e o protocolo era contra os interesses do seu país. Embora equivocadamente, ele tem de defender os interesses dos Estados Unidos. O inadmissível é que as autoridades brasileiras não façam isso e não defendam os interesses do Brasil.

Muito obrigado.

RESPOSTAS AO *BRASIL EM QUESTÃO*

■ **Pergunta nº 1:** Sua proposta de governo afirma: "o Brasil que queremos sabe que não subsistirá a identidade nacional sem preservação de nossos valores culturais. Valoriza sua herança histórica e cultural e se orgulha da criatividade de seu povo, testemunhada pela riqueza e diversidade da produção cultural das atuais gerações de brasileiros". O que fará seu eventual governo para recuperar e ampliar a capacidade criativa e inovadora do pensamento brasileiro, de forma a responder aos desafios do País nas mais diferentes áreas?

Anthony Garotinho: O futuro do nosso país, do nosso povo, depende do investimento que fizermos em educação, em cultura, em ciência e em tecnologia. A educação e a cultura são bens universais ao alcance de todos os brasileiros. A base do nosso desenvolvimento será a escola pública gratuita e de qualidade. É inadmissível um país que ainda tenha o número de analfabetos que o Brasil tem. Precisamos de acabar com o analfabetismo, disseminar o hábito da leitura, universalizar o ensino médio, aumentar o número de vagas no ensino superior. A Universidade democratizada é o centro de reflexão por excelência, como estamos fazendo aqui, como vi neste livro que recebi do Reitor que traz reflexão sobre o nosso país. Compete à Universidade formular pensamento crítico para responder aos desafios do País.

Quando nos referimos à brasilidade, estamo-nos referindo fundamentalmente a cultura, educação, ciência, tecnologia e escola pública. O projeto de brasilidade que queremos passa pelo fortalecimento da escola pública no País. Infelizmente, foi destruída nos últimos anos do governo Fernando Henrique.

Pergunta nº 2: Em sua proposta de governo, o senhor afirma pretender "não apenas recompor as condições para um adequado funcionamento das instituições federais de ensino superior, como também investir significativamente na ampliação do atendimento das entidades de ensino superior públicas como um todo". Concretamente, que medidas seriam tomadas para alcançar tais objetivos?

Anthony Garotinho: Inicialmente, gostaria de ressaltar minha posição consoante às do Partido Socialista Brasileiro, que educação pública gratuita em todos os níveis é obrigação do estado democrático. Ressalto ainda que, no meu governo, educação, ciência e tecnologia serão tratadas como áreas estratégicas. As Universidades Públicas desempenham duas funções muito especiais: primeira, são centro de formação de pessoal qualificado nas mais diferentes áreas de conhecimento; e, segunda, são centro de reflexão, de geração de novos conhecimentos através de pesquisas científicas e tecnológicas.

É muito pequeno o número de jovens que estão matriculados nas instituições de ensino superior, na ordem de dois milhões e setecentos mil, quando deveriam ser cerca de dez milhões, para atender a um país do tamanho do Brasil. Cabe ressaltar a baixa participação do setor público nesta área. Apenas 20% dos alunos estão em Universidades Públicas. Como conseqüência das políticas estabelecidas por este governo, não houve ampliação do setor público nas Universidades. O pequeno crescimento na oferta de vagas veio pelo setor privado. Meu compromisso é apoiar as universidades públicas como centros tecnológicos federais. Isto passa por uma série de ações.

Primeiro, é necessário ampliar os recursos para custeio, recuperar a infra-estrutura física, o quadro de pessoal docente e técnico administrativo, consolidar um plano de carreira discutido previamente com todos os setores, a exemplo do que fizemos no Rio de Janeiro. Ante as atuais dificuldades econômicas, o nosso compromisso é de aumentar de imediato os recursos de custeio das Universidades Federais dos atuais 420 milhões de Reais para 546 milhões de Reais. Implantaremos de imediato programa de apoio à graduação. Não podemos admitir a volta à idade média com aulas à luz de vela, como ocorreu recentemente na Universidade Federal do Rio de Janeiro, por falta de recursos para pagar a luz.

Segundo, priorizar a implantação da verdadeira autonomia da universidade pública. Vamos dividir o orçamento de cada universidade em dois componentes: um para cobrir as despesas com aposentados e pensionistas e outro para que ela honre os compromissos com aqueles que ajudaram a construí-la, ou seja, com o pessoal aposentado. Os investimentos incluem um grande programa de bolsa de trabalho, ampliação do programa de financiamento ao estudante, retorno dos restaurantes universitários.

Precisamos, também, de ampliar a participação do setor público federal no ensino superior. Para tal vamos discutir com as Universidades o número de vagas com o ensino presencial, sobretudo em cursos noturnos e de elevada demanda social. Vamos estimular a implantação de cursos pela modalidade de ensino a distância, como fizemos na Universidade do Rio de Janeiro em parceria com a Universidade da Espanha. Criar novas Universidades em áreas carentes, preferencialmente no interior do País, para atuar em áreas de interesse regional e promover o aparecimento de cidades universitárias no interior, possibilitando, assim, a redução do desequilíbrio regional.

Muitos, certamente, estarão perguntando: de onde vêm os recursos? Respondo afirmando que esses recursos já existem, basta apenas que haja prioridade. Repito que foram gastos ano passado 108 bilhões para pagar juros e amortização da dívida. A cada ponto percentual que o próprio governo diminui na taxa de juros básica do País, faz economia de 5 bilhões. É competência do governo brasileiro diminuir a taxa de juros básica brasileira que é insuportável. Neste momento, e o Brasil só tem taxa de juros menor do que a Polônia em 0,1%, a nossa taxa de juros real é de 10,1% contra os 10,2% da Polônia. Taxa de juros real, descontada a inflação, contra a média de 3,1% dos países emergentes. Se diminuíssemos 4 pontos em nossa taxa de juros, estaríamos economizando 20 bilhões, e ainda assim seríamos um País bastante atraente para os que querem investir aqui.

Afirmo que meu compromisso com a educação pública e a ciência e tecnologia não é vago. Ele é concreto. Como governador do Rio de Janeiro, investimos na Universidade do Norte Fluminense 80 milhões de Reais, na construção de novos laboratórios de ensino e pesquisa e na contratação de professores. Dobramos, em três anos, o número de vagas oferecidas para os cursos de graduação. Ampliamos o setor de pesquisa da UERJ. Em ambas as instituições recuperamos todas as perdas salariais ocorridas nos sete anos que nos antecederam. A Fundação de Apoio à Escola Técnica foi transformada em um Centro Universitário, oferecendo duas mil vagas em cursos técnicos de nível superior e cursos normais. Criamos o CEDERJ, o Centro Universitário de Educação à Distância. Portanto, está comprovado concretamente o meu compromisso com a educação, a pesquisa, a ciência, com a academia brasileira. E pode também ser comprovado pelos Reitores das Universidades Públicas e privadas e por todos os pesquisadores. O investimento anual da Fundação de Amparo a Pesquisa do Rio de

Janeiro era de 18 milhões de Reais, e eu o coloquei no patamar de 96 milhões por ano. Isto significa comprometimento, compromisso com a escola pública no nosso país.

Pergunta nº 3: O senhor já mencionou, num ponto preciso do seu programa, no que consiste a valorização dos programas de cooperação internacional. Com respeito a essa cooperação internacional em ciência e tecnologia, interessa-nos saber a opinião do candidato sobre o ponto do acordo de cooperação militar entre o Brasil e os Estados Unidos para a exploração da base militar de Alcântara, no Maranhão.

Anthony Garotinho: Cooperação não é submissão. A cooperação científica tem demonstrado ser poderoso instrumento de intercâmbio, de formação de recursos humanos especializados. Nosso programa prioriza a cooperação com os países da Europa, os de língua portuguesa e com qualquer outro país. É verdade que nos beneficiamos em grande parte da cooperação científica internacional para o aperfeiçoamento de cientistas e técnicos brasileiros, isso é inegável. A migração de pessoal qualificado pode também ser incentivada, considerada a escassez de pessoal em várias áreas, mas o que o governo Fernando Henrique está fazendo com Alcântara não tem nada de cooperação. Por este acordo, nosso país cede um território de 65 mil hectares no Maranhão, próximo a uma das áreas mais ricas e cobiçadas do mundo, a região Amazônica, para que os Estados Unidos instalem base militar com acesso restrito para o pesquisador brasileiro. Não haverá ganho de tecnologia, porque simplesmente os brasileiros não participarão desse projeto. Além do mais, essa base foi construída com recursos públicos do Brasil da ordem de 500 milhões de Dólares, e para deixar os técnicos americanos ao lado da biodiversidade que temos na região amazônica, a base militar será mais uma na América Latina, a exemplo do que já fizeram na Colômbia, na Bolívia e no Equador. O Congresso Nacional tem o dever de impedir que esse crime de lesa-pátria contra o povo brasileiro seja levado adiante.

▪ **Pergunta nº 4:** O senhor foi Prefeito e Governador de um Estado que nos últimos tempos tem aparecido no noticiário sob luz um tanto assustadora. A agenda de trabalho que o senhor propõe em um eventual governo inclui três elementos de combate à violência: ação federal contra o crime organizado e a corrupção; modificação do controle judicial sobre o inuérito policial e, terceiro, a extinção dos privilégios penais. Todas as estatísticas mostram-nos que dos crimes ocorridos no Brasil, 70% tem ligação direta ou indireta com o tráfico de drogas. De quem é a responsabilidade pela entrada de drogas no País?

Anthony Garotinho: O Brasil não tem política de policiamento de suas fronteiras. A primeira providência é criar uma guarda nacional de fronteira, para que possamos impedir a entrada clandestina de enorme quantidade de armas e drogas, alimentando as quadrilhas que atuam no Rio, São Paulo e em qualquer outra cidade.

A segunda ação é fazer a distinção entre o que é crime organizado e delinqüência. Normalmente se diz que a violência está muito alta. Violência é algo que não pode ser tratado de forma simplista. Violência é uma coisa e crime organizado é outra. A delinqüência só tem uma forma de ser combatida: prevenção, inclusão, desenvolvimento econômico. Sem oportunidade de trabalho, sem perspectiva de vida, parte da juventude acaba indo para a delinqüência, depois é pinçada para o crime organizado. Todos os projetos bem-sucedidos no mundo foram projetos de inclusão. Assim, temos de ter projetos de inclusão de jovens que se situam na faixa de risco, de 16 a 24 anos.

Contra o crime organizado precisamos de investir em inteligência. Só com ela seremos capazes de combater com eficiência o crime organizado. Com relação aos números da série histórica da violência no Estado do Rio de Janeiro, obtivemos êxito contra o crime organizado, mas não podemos dizer o mesmo da delinqüência. Vejamos, de 1995, 1996 e 1997, três anos do governo anterior, o Rio de Janeiro registrou 243 seqüestros. Durante a minha gestão, 1999, 2000 e 2001, esse número caiu para 32, no mesmo período de três anos, sendo que, no último ano, foram 5 e todos eles resolvidos, com as quadrilhas presas e sem pagamento de resgate. Isto não ocorreu por acaso, foi um sistema de inteligência. Seqüestro não é crime que se possa trabalhar de maneira reativa, mas de maneira proativa, identificando as quadrilhas e prendendo antes de elas seqüestrarem as pessoas. Fizemos isto no Rio de Janeiro. O mesmo ocorreu com assaltos a Bancos e veículos recuperados. Nos anos de 1995, 1996 e 1997, o Rio teve 48.562 carros recuperados, enquanto nos anos de 1999, 2000 e 2001 saltou para 65.257. Isto provocou, pela primeira vez em um Estado brasileiro, uma redução no preço dos seguros de automóveis.

A criminalidade precisa de ser contida nas fronteiras, onde o que mais gera problemas para o nosso país são as armas e as drogas. É preciso que os governos estaduais sejam dotados de instrumentos para estabelecer políticas para tratar, separadamente, delinqüência e crime organizado; montar inteligência para combater crime organizado e adotar medidas para viabilizar a inclusão social da juventude, como fizemos quando criamos no Rio o programa Jovens pela Paz, que concedeu bolsas de estudos de duzentos e quarenta Reais para dez mil jovens para que estudassem e desenvolvessem atividades comunitárias nas periferias do Rio. O programa deu bons resultados, e conseguimos retirar muitos jovens, na faixa de 16 a 18 anos, do tráfico de drogas para as atividades comunitárias, criando novos paradigmas para eles.

A inclusão não pode ser feita somente com a oferta de bolsas. Só um modelo econômico de crescimento será capaz de criar emprego necessário para incluir socialmente toda essa juventude que hoje não tem perspectiva, não tem esperança e acaba servindo à delinqüência e depois ao crime organizado.

■ **Pergunta nº 5:** Em sua proposta de governo, o senhor declara que "ao invés de levar à Amazônia o atual ciclo de civilização apoiado no modelo de dominação econômica socialmente injusto, destruidor da natureza e poluidor do planeta" promoverá "a experiência de um novo modelo de desenvolvimento, que no futuro influencie o restante do país a mudar de rumo e abandonar os parâmetros sobre os quais está assentado". Gostaríamos que o senhor explicasse um pouco mais quais seriam as principais características desse novo modelo, quais seriam suas ações indispensáveis para, enfim, integrar a Amazônia ao desenvolvimento nacional.

Anthony Garotinho: O caráter distintivo desse novo modelo é a subordinação do desenvolvimento e da ocupação ao binômio homem e meio ambiente. Em vez do conflito predador de um e outro, queremos o equilíbrio, a mútua proteção. Esse modelo irá sempre privilegiar a qualidade e fará da riqueza uma servidora do homem e do desenvolvimento um meio de garantir a proteção ambiental e a felicidade das pessoas. Essa visão de desenvolvimento subordinada ao interesse humanístico vai presidir o processo de ocupação territorial, físico, cultural e político. Mais do que a ocupação física, a ocupação política é que vai assegurar a ocupação da Amazônia na vida e desenvolvimento nacional. Não podemos perder de vista que, respeitados os interesses nacionais de cada um dos países, o desenvolvimento da Amazônia deve ser considerado como um projeto coletivo, que incorpora os esforços de todos os países signatários do tratado de cooperação amazônica, Brasil, Bolívia, Colômbia, Equador, Peru, Guiana, Suriname e Venezuela. Partimos do ponto de vista de que o modo de ocupação do estado amazônico brasileiro foi e continua a ser caracterizado pela depredação de nossas riquezas minerais, de sua biodiversidade, pelo aviltamento da vida humana. O modelo de ocupação agrário combinou o desmatamento com a pecuária extensiva. A ausência de políticas eficazes de ocupação e controle do espaço levou à erosão genética, ao garimpo predatório e estimulou o tráfico e a biopirataria.

O modelo que queremos não repetirá os erros dos outros modelos de desenvolvimento regional, cujo custo ambiental e humano foi extremamente elevado. Nosso programa prevê a criação de uma Unidade de Gestão Estratégica integrada a todos os diferentes órgãos federais da região que atuam na região que vai coordenar os diferentes tipos de ações a serem desenvolvidas, assegurando a presença do Estado e controlando a penetração predatória dos interesses privados nacionais e internacionais. Propomos recuperar a idéia da UNESCO da Universidade da Amazônia, já concebida, e queremos, acima de tudo, retomar o projeto Calha Norte e implantar o projeto Novo Norte, que permitirá integrar defensivamente toda a área sul do Rio Amazonas. O terreno diplomático será de fundamental importância para revermos a lei de patentes, para que seja devolvido ao Brasil o controle genético da Amazônia e nos aproximemos dos demais países que integram a totalidade do território.

▪ **Pergunta nº 6:** Entre os diversos pontos relacionados na proposta de reforma tributária, que o senhor aqui esboçou, indica-se a necessidade da promoção de novo pacto federativo, com a redistribuição de competências e atribuições entre os entes federativos e a repartição da receita tributária de forma compatível entre essa redistribuição de competências entre União, Estados e Municípios. Em que consistiria esse novo formato do pacto federativo no Brasil?

Anthony Garotinho: Até hoje, a reforma tributária não foi feita porque não haverá reforma tributária sem um pacto federativo. Precisamos de definir o que é de competência do Município, e que tributos ele terá para implementar a ação. O que é de competência do Estado, e quais tributos ele terá para levar adiante suas responsabilidades. O que é de competência federal e que tributos terá para cumprir suas responsabilidades. O que não pode é termos escolas de ensino fundamental municipal, estadual e federal. Hospital de atendimento primário municipal, estadual, federal e privado conveniado com o SUS. Em país que reclama recursos, temos de estabelecer qual o papel de cada ente federativo e que recursos ele terá para levar adiante sua missão. Sem isso, continuaremos a viver nesse mar de hipocrisia em que vivemos nos últimos anos. O governo diz que quer a reforma tributária, a sociedade também diz, e ela não sai. Não sai porque não se define qual é a responsabilidade de cada ente federativo e quais tributos cada um terá para cumprir a missão constitucional que lhe for definida. Sem isso não conseguiremos avançar dentro das reformas que precisam de ser colocadas em prática, e a reforma tributária é fundamental para que o país se torne competitivo.

RESPOSTAS ÀS QUESTÕES FORMULADAS PELO PÚBLICO

Pergunta nº 1: Qual a sua proposta para a área de agricultura e produção?

Anthony Garotinho: A agricultura tem três pontos que são fundamentais: o primeiro é o acesso à terra. O Brasil tem, por um lado, concentração enorme de terras e, por ouro lado, tem 90 milhões de hectares de terra totalmente improdutiva. Assim, é preciso fazer reforma agrária de forma ordenada para que o País possa distribuir melhor suas terras. O segundo ponto é que não se faz aumento de produção agrícola sem crédito. Cito como exemplo, o que ocorreu no Rio de Janeiro, durante a nossa gestão. Pegamos uma região muito empobrecida ao noroeste do Rio e desenvolvemos um programa chamado FRUTIFICAR. Acionamos o Banco do Brasil e solicitamos que abrisse crédito para empréstimo ao agricultor que plantasse frutas. As condições seriam: juros de 2% ao ano, sem correção monetária, sem hipoteca, sem aval e com dois anos de carência. Este projeto deu o seguinte resultado: vinte mil pessoas estão trabalhando, produzindo maracujá, abacaxi, manga e goiaba, além de quatro indústrias que se deslocaram para lá. Assim, o segundo quesito é dar crédito. E o terceiro é organizar o sistema produtivo desde o plantio até a comercialização. O Brasil é um dos poucos países do mundo que não tem proteção para seu agricultor. Em Minas Gerais, os agricultores estão queimando café, pois sai mais barato queimar do que colher e vender. Resumindo, o Brasil precisa de distribuir melhor a terra, investir em crédito e organizar o sistema produtivo desde o plantio, até a garantia de preços e a comercialização. Como fui secretário de Agricultura do Rio de Janeiro, tenho certeza de que, se seguirmos essa orientação, vamos sair dessa brincadeira ridícula de comemorar safras recordes de cem milhões de toneladas de grãos. A França, um país bem menor do que o Brasil, produz cento e dez milhões de toneladas. Esse tipo de comemoração do governo é vexaminoso. Para comemorarmos uma boa safra de grãos, ela tem de ser a partir de trezentos milhões de toneladas, que poderemos alcançar perfeitamente em quatro anos, respeitando os princípios de ocupação racional da terra, investindo em política de crédito, organizando a cadeia produtiva e gerando valor agregado ao produto agrícola que hoje é produzido. O Brasil produz soja, exporta soja e importa ração. Produz cacau, exporta cacau e importa chocolate. Produz café, exporta café e importa café solúvel. Isso é diploma de incompetência do governo que não investe para que o BNDES financie a transformação dos produtos agrícolas dentro do nosso país, para garantir a produção e agregar valor.

- **Pergunta nº 2:** Vejo sua filha sentada à mesa. Ganhando as eleições, pretende o senhor levar a família para o Ministério?

Anthony Garotinho: Milha filha faz campanha comigo pelo simples fato de que ela não se envergonha de seu pai, como as filhas de muitos candidatos que se escondem. Nenhum dos meus filhos, em nenhuma das minhas gestões, ocupou qualquer cargo público. A minha esposa nunca ocupou cargo quando fui Deputado, Prefeito. Quando fui Governador do Rio ela só assumiu a Secretaria de Ação Social com um ano e meio de governo, após um rompimento com a coalizão que existia e um partido da coalizão saiu e ela foi indicada pelo partido para ocupar. Ela sempre disse que tinha um projeto político, e não um projeto pessoal. A ocupação de cargos públicos deve obedecer a um critério: o da competência e não de parentesco.

■ **Pergunta nº 3:** Como o senhor avalia sua campanha até o presente momento, como encara a eminente derrota? Entre Ciro Gomes e Lula, quem o senhor apoiaria no segundo turno?

Anthony Garotinho: A campanha eleitoral até o presente momento vem obedecendo a critérios completamente distorcidos, basta que leiamos os jornais. Nós verificamos, por um estudo de centimetragem dos jornais, que os espaços que estão dando aos outros candidatos são maiores do que o que é dado a mim. Isto se dá porque a minha postura é independente, de confronto com o sistema financeiro, de crítica severa à falta de concepção da atual equipe econômica, e com a grande dependência dos meios de comunicação com o governo, a mídia vem favorecendo a cobertura de outras candidaturas em detrimento da minha e de mais dois candidatos que nem sequer são citados no noticiário. Parece que no Brasil só tem quatro candidatos à presidência da República. Temos um candidato do PSTU e outro do PCO que sequer são citados. A alegação poderia ser que eles não aparecem nas pesquisas eleitorais. Mas como explicar que os grandes jornais dão três páginas para o candidato do governo e uma coluna de três centímetros para a nossa candidatura, se o candidato do governo tem 12% e nós temos 11%? Qual a diferença entre 12% e 11%, se a margem de erro da pesquisa é de 2%? A campanha está sendo manipulada pela imprensa que faz a campanha oficial do candidato que ela quer colocar no segundo turno.

Eu não vou opinar sobre o segundo turno. Eu não preciso opinar, por duas vezes eu votei em Lula e ele não precisa de ter dúvida de mim. Eu é que tenho dúvida se eles vão votar em mim.

Pergunta nº 4: O que fazer frente às ameaças de internacionalização da Amazônia?

Anthony Garotinho: Como já disse anteriormente, quando me referi aos cinco pontos: a nossa inserção no modelo de globalização deve ser de forma soberana e não de forma dependente, como está sendo atualmente. Se vamos discutir no Mercado internacional de forma soberana, então não temos de discutir a internacionalização da Amazônia, esse assunto está fora de pauta para um governo que defenda os interesses nacionais.

Pergunta nº 5: Qual a sua estratégia de campanha para acabar com a fama de populista, já que suas propostas não geram segurança para o eleitor e seu governo no Rio de Janeiro não foi modelo em áreas como segurança e educação?

Anthony Garotinho: Gostaria de afirmar que meu governo terminou com 88% de aprovação. Talvez a versão que você tenha do meu governo, pois, infelizmente e muitas vezes, o que se lê não traduz a verdade, foi completamente diferente do que se está dizendo. Será que 88% da população do Rio de Janeiro, que é considerada a capital cultural do País, é idiota a ponto de aprovar um governador? Se eu tivesse feito um mau governo, conforme dizem alguns jornalistas que me insultam em suas colunas, já nem é mais discussão política, mas agressão, como foi feito por um colunista do *JB*, outro d'*O Globo* e outro da *Folha da São Paulo*, pois estão defendendo os interesses dos banqueiros, pois são os únicos que estão ganhando dinheiro neste País. Quando alguém se coloca em defesa dos interesses nacionais, do povo brasileiro, eles insultam. O que é populismo? As pessoas que me acusam de populista não sabem o significado da palavra. Perguntei, outro dia, em um debate em uma Universidade, o que era populismo e me disseram que era alguém que trabalha pelo povo, e está errado. Populismo foi uma aliança que surgiu entre os trabalhistas com os comunistas, quando os adeptos de Getúlio Vargas se juntaram com os de Luiz Carlos Prestes. Assim surgiu o termo populismo. Eu não sou populista, sou popular. Não me envergonho de ser popular, pois todo político deve, em primeiro lugar, servir ao povo. Eu não tenho vergonha de servir ao povo.

Gostaria de complementar que ainda não vi alguém fazer análise de meu governo como inconsistente, as pessoas que assim o fizeram não merecem crédito. O primeiro deles foi o senhor Maílson da Nóbrega, uma sumidade de economista. Foi Ministro do governo Sarney com 80% de inflação. Escreve no jornal *O Estado de São Paulo*, é reacionário, incompetente e conservador. O segundo foi o senhor Marco Sá Correa, que é reacionário, incompetente e conservador, escreve para o *Jornal do Brasil*. Todos eles grandes amigos do sistema financeiro. Eles não querem um Presidente da República que se recusa ir à FEBRABAN. Todos os outros candidatos à Presidência da República vêm aqui e falam mal dos Bancos, mas, na calada da noite, se reúnem com os banqueiros para pedir dinheiro para as suas campanhas. Eu não fui e não vou, por isso sou taxado de populista.

▪ **Pergunta nº 6:** Como e de onde sairão os recursos da amortização da dívida interna pública?

Anthony Garotinho: Os recursos já existem, basta descer a taxa de juros. O País precisa de crescer, pois, crescendo, aumenta a receita fiscal, mesmo com a reforma tributária. Não há nada que possa causar impacto positivo nas receitas públicas do que o crescimento do País. Se o País cresce e a taxa de juros é menor, a dívida cresce em velocidade menor. Se a dívida cresce menos e o País cresce mais, sobra dinheiro. Esta conta é simples, qualquer economista sabe fazer até mesmo esses que ficam escrevendo nos jornais a favor dos banqueiros.

▪ **Pergunta nº 7:** Tendo em vista a política de cooperação no comércio internacional, qual o enfoque que o senhor daria aos países de grande Mercado consumidor, como a China, Rússia e Índia?

Anthony Garotinho: O Brasil precisa de ter política de comércio exterior a mais ampla possível. Hoje as nossas exportações estão voltadas para a Europa e os Estados Unidos. Quanto mais diversificado o leque de parceiros comerciais, melhor. O nosso enfoque será a diversificação de Mercados e esses três países – China Rússia e Índia –, além de outros que não foram citados, são muito importantes. Quero criar um Ministério do Comércio Exterior, para que o Brasil tenha política de comércio exterior articulada. Hoje quem cuida da política de comércio exterior não tem traquejo suficiente para negociar.

Para citar um exemplo, outro dia fui a Minas Gerais e, em reunião com exportadores de café, soube que o Brasil foi convidado para uma rodada de abertura do Mercado chinês de café e o Itamaraty, que estava representando o Brasil, convidou a Colômbia. O pessoal da Colômbia, mais preparado do que o nosso, pegou grande parte das negociações. Assim, hoje, de cada cinco sacas de café vendidas para a China, quatro são colombianas e uma brasileira. Acontece que a Colômbia compra o nosso café, ensaca lá e vende como se fosse colombiano.

■ **Pergunta nº 8:** Com o acúmulo da dívida externa do Brasil com o FMI, o povo vem sofrendo com os baixos salários e o elevado custo de vida. Como o senhor vê o FMI?

Anthony Garotinho: O Brasil tem de renegociar sua dívida externa, não há outra saída. Quem estiver dizendo o contrário, sabe que está mentindo ao povo brasileiro. É preciso dizer que, se não renegociar a dívida, o Brasil não sairá desse ciclo vicioso em que está. Portanto, a nossa postura com o FMI é postura de responsabilidade. Como fiz no governo do Rio de Janeiro, renegociei e paguei todos os compromissos, mas não podia pagar fechando escola, posto de saúde, arrochando o salário dos funcionários. Paguei, mas dentro de princípios e é isso que defendo.

■ **Pergunta nº 9:** O senhor é a favor ou contra a entrada do Brasil na ALCA?

Anthony Garotinho: Contra. A ALCA, conforme está proposta pelos Estados Unidos, vai liquidar com os produtos agrícolas brasileiros, já que os produtos agrícolas americanos são subsidiados e as barreiras não-tarifárias que os Estados Unidos impõem aos produtos brasileiros são imensas. Da forma como a ALCA está sendo proposta será a anexação do Brasil aos Estados Unidos. Não pode ser feita dessa forma. Precisamos de preparar as empresas brasileiras, capacitá-las tecnologicamente, dar créditos para que elas se tornem competitivas. Se cumprirmos a agenda ora proposta, as empresas brasileiras, que já sofreram nos últimos anos grande processo de desnacionalização, vão sofrer esse processo mais rápido ainda.

Pergunta nº 10: Diante de eventual aumento do salário mínimo, de início para a faixa de R$ 280,00, e depois eventualmente para R$ 400,00, certamente os empresários, na atual situação da economia, repassariam esses custos para o preço dos produtos, o que anularia qualquer possibilidade de aumento real de salário e elevaria a taxa de inflação. Como o senhor resolve este problema?

Anthony Garotinho: Isto é uma inverdade. Quando aumentei o salário mínimo no Rio de Janeiro, vocês sabem que o Presidente da República deixou que cada governador estabelecesse seu piso regional salarial, fixei o maior salário mínimo do país e o discurso era o mesmo. Aliás, o discurso do salário mínimo no Brasil é mais do que econômico, é ideológico. Os economistas, na época da escravatura, diziam que o Brasil não podia abolir a escravatura porque iria inflacionar o preço da agricultura. Para eles os brasileiros deviam ser escravos até hoje, pois assim teríamos bom preço na agricultura. Eu aumentei o salário mínimo no Rio de Janeiro e foi o Estado que mais cresceu, apresentou a menor taxa de desemprego. É óbvio que as pessoas ganhando mais, compram mais, movimentam o comércio. O comércio vendendo mais, emprega mais, compra mais da indústria, saindo desse ciclo de miséria e entrando no ciclo de prosperidade. O governo não quer dar o aumento do salário mínimo não é por que falta dinheiro, é porque tem de tirar do dinheiro que hoje dá aos Bancos. Foram 108 bilhões para pagar juros e amortização da dívida. A conta para dar um salário mínimo de R$ 280,00 é só ter R$ 21 bilhões para a Previdência. Isto se consegue descendo os juros. Não há impedimento econômico, até porque, certamente, aumentando o salário mínimo, vamos fortalecer o Mercado interno, o de consumo, e vamos incluir pessoas que hoje estão impossibilitadas de consumir. Essas pessoas vão ganhar cidadania. Precisamos de deixar de ser hipócritas. Todos dizem que querem acabar com a exclusão, a pobreza e a miséria no Brasil. Querem acabar como, dando vale gás? Só se pode acabar com a situação de miséria do nosso país se aumentarmos o salário, de baixo para cima.

Como é que o Paraguai, uma economia pobre que não chega aos pés do Brasil, pode pagar U$ 157,00, o equivalente a mais de R$ 450,00, e o Brasil não pode? Isto é uma decisão política. Não podemos aceitar argumentos econômicos em detrimento de decisões políticas. A decisão de enfrentar a pobreza, a miséria é de natureza ética e política.

RESPOSTAS ÀS QUESTÕES DE C&T*

■ **Pergunta nº 1:** Inovação tecnológica e competitividade das empresas brasileiras

Anthony Garotinho: É hoje consensual que o setor produtivo precisa de atingir rapidamente um nível de competitividade que lhe permita disputar, em melhores condições, nosso Mercado interno, substituir importações e ampliar exportações, por um lado, para os parceiros tradicionais e, por outro, para países como a China, Índia e Rússia. Para tal, é fundamental aliarmos forte incentivo à pesquisa tecnológica, com recursos públicos, à criação de mecanismos fiscais que incentivem o setor industrial a investir em pesquisa e desenvolvimento, financiando o setor produtivo com

* As propostas para C&T aqui apresentadas foram editadas do conjunto de entrevistas feitas pela ABIPTI – Associação Brasileira das Instituições de Pesquisa Tecnológica, primeiramente publicadas no Informativo *Gestão C&T – Informação e Comunicação para os Sistemas Estaduais de C&T*, Centro ABIPTI de Informação Tecnológica, ano 2, número 23, ago. 2002, p. 3 a 7.

taxas de juros semelhantes às oferecidas em outros países. O parque científico brasileiro já atingiu tal dimensão que permite, desde que políticas corretas sejam implantadas, sua articulação com o setor tecnológico e produtivo.

■ **Pergunta nº 2:** Meta de aplicação de recursos (públicos e privados) em P&D, como proporção do PIB: áreas a serem priorizadas

Anthony Garotinho: Os dados oficiais indicam que o Brasil investe hoje cerca de 1,4% do PIB no setor de C&T. Vamos trabalhar no sentido de chegarmos a 2% do PIB em quatro anos. Para isso, pretendemos ampliar o orçamento, com recursos do tesouro, das instituições federais de fomento (CNPq, FINEP, CAPES); ampliar o orçamento das Universidades Federais e centros de pesquisa vinculados a vários ministérios (EMBRAPA, FIOCRUZ, etc.); criar mecanismos que incentivem os estados a fortalecerem as fundações de amparo à pesquisa; criar novos fundos setoriais; assegurar a efetiva liberação dos recursos orçamentários, eliminando o contingenciamento que vem ocorrendo também com os Fundos Setoriais; e criar mecanismos que efetivamente induzam o setor empresarial a investir em C&T.

Pretendemos continuar fortalecendo todas as áreas do conhecimento, o que será feito pelo retorno do auxílio para projetos de demanda espontânea pelo CNPq; pelo apoio institucional da FINEP; pelo apoio aos cursos de pós-graduação pela CAPES; e pela manutenção de programas de apoio a grupos de excelência pelo PRONEX e Institutos do Milênio. No entanto, algumas áreas, consideradas estratégicas para o País, contarão com programas complementares especiais em que o nível de investimento deverá ser maior. As áreas identificadas, até o momento, são as seguintes: ciências do mar e costeira; biotecnologia; doenças emergentes e reemergentes; doenças crônicas e degenerativas; desenvolvimento de fármacos; tecnologia da informação; nanotecnologia; materiais avançados; tecnologia nuclear; tecnologia aeroespacial; meio ambiente e recursos hídricos; saneamento ambiental; agricultura familiar; energias alternativas; instrumentação; petróleo e gás; tecnologia mineral; e ciências sociais aplicadas. Para todas essas áreas, mecanismos serão criados que incentivem simultaneamente a pesquisa básica e a inovação tecnológica bem como o desenvolvimento regional.

■ **Pergunta nº 3:** Regionalização das ações de C&T: iniciativas para reduzir as desigualdades regionais a partir de investimentos em C&T e Inovação

Anthony Garotinho: Nossa proposta prevê o estabelecimento de sólido Sistema Nacional de C&T que, efetivamente, integre o MCT e suas agências com as Secretarias Estaduais e Municipais de C&T e as Fundações de Amparo à Pesquisa Estaduais e Municipais, visando ao apoio a projetos de interesse regional/local e à melhor distribuição da atividade de C&T em todo o País. Nesse sentido, parte do orçamento do MCT será utilizada para editais conjuntos com os estados. No caso dos Fundos Setoriais, em que já se prevê parcela dos recursos para a região Norte, Nordeste e Centro-Oeste, as Secretarias Estaduais deverão participar ativamente da definição de prioridades e das decisões referentes à alocação dos recursos. Estamos conscientes da necessidade de mudanças na legislação atual, o que envolverá a participação do Congresso Nacional.

Pergunta nº 4: Manutenção de instrumentos de financiamento à pesquisa e à inovação, como, por exemplo, os Fundos Setoriais

Anthony Garotinho: Consideramos os Fundos Setoriais como elementos importantes do Sistema Nacional de CT&I e que serão preservados e aperfeiçoados. Novos fundos deverão ser criados. Faremos algumas modificações na operacionalização dos Fundos, no sentido de que eles sejam efetivamente elementos de política científica integrada do Governo. Como já foi ressaltado acima, os Fundos constituir-se-ão mecanismo importante para o programa prioritário de desenvolvimento regional.

Pergunta nº 5: O projeto de Lei da Inovação estabelece medidas de incentivo à pesquisa e à inovação e cria mecanismos de gestão aplicáveis às instituições científicas e tecnológicas na sua relação com as empresas. Quais outros mecanismos poderiam ser propostos no sentido de promover a inovação como estratégia de aumento da competitividade do setor produtivo brasileiro?

Anthony Garotinho: Ainda não tomamos conhecimento da forma final do Projeto de Lei da Inovação. Somos favoráveis à criação de mecanismos que permitam estimular a pesquisa e a inovação tecnológica, sobretudo nas empresas. Consideramos que as Universidades têm, como missão principal, a pesquisa científica básica, compromissada com o avanço do conhecimento, aliado ao processo de formação de pessoal qualificado. Tal posição, no entanto, não impede que determinados setores das Universidades se dediquem com maior intensidade à pesquisa tecnológica. Deve ficar claro, no entanto, que a inovação tecnológica deve ocorrer fundamentalmente na empresa. No caso específico das relações a serem estabelecidas entre as Universidades e as empresas, incluindo na liberação de pesquisadores, é fundamental que se respeite a autonomia universitária.

Na nossa proposta, o apoio à inovação passa também pelo apoio à área tecnológica, utilizando todos os mecanismos tradicionalmente usados no apoio à área científica (bolsas, auxílios de demanda espontânea, apoio institucional, etc.), programas semelhantes ao que implantei no estado do Rio de janeiro, conhecido como Tecnologia na Pequena Empresa, com recursos maiores e alcançando também a média empresa, o que deverá ser feito com recursos do Fundo Verde-Amarelo. Além disso, deveremos contar também com a redução significativa da taxa de juros para o financiamento à atividade industrial, sobretudo a de base tecnológica; com uma política de incentivo ao consumo de produtos produzidos no País, sobretudo visando à substituição de importações; e com uma política de apoio às exportações, entre outras.

Pergunta nº 6: Papel do Centro de Gestão e Estudos Estratégicos (CGEE), órgão de assessoramento do MCT criado em setembro de 2001 como um dos resultados da Conferência Nacional de CT&I

Anthony Garotinho: Um dos pontos prioritários do nosso programa é o fortalecimento e o efetivo funcionamento do Conselho Nacional de Ciência e Tecnologia. Este Conselho, presidido pelo Presidente da República, contará com câmaras setoriais, uma das quais se dedicará ao acompanhamento, à prospecção das áreas, subsidiando as decisões do Conselho. Tal câmara será formada por técnicos experientes das várias instituições federais que atuam na área de C&T, bem como da comunidade científica. Conseqüentemente, não sentimos necessidade da existência de mais um órgão dentro do Sistema Nacional de Ciência e Tecnologia.

Discursos e respostas

Luiz Inácio Lula da Silva

Cumprimento os estudantes, os funcionários e professores da UnB, dando os parabéns pela realização desta série de debates com os candidatos à Presidência da República. Agradeço, especialmente, ao Reitor Lauro Morhy, ao Vice-Reitor Timothy Mulhohand, e ao mediador deste debate e coordenador do Departamento de História da UnB, Antônio Barbosa. Agradeço, também, a presença de meu companheiro, ex-reitor desta Universidade e candidato ao Senado, Cristovam Buarque, bem como de meu companheiro e candidato ao Governo do Distrito Federal, Geraldo Magela. Não poderia deixar, ainda, de apresentar o meu companheiro Newton Lima, prefeito da cidade de São Carlos, em São Paulo, e ex-reitor da Universidade de São Carlos. Newton Lima foi o coordenador do nosso projeto de Educação para esta campanha.

O PT conseguiu fazer uma grande inovação na política brasileira. Ao se analisar a história política brasileira, percebe-se que, no Brasil, não havia o hábito dos candidatos à Presidência da República apresentarem suas propostas de programa de governo. E o PT consegui introduzir essa

Luiz Inácio Lula da Silva é candidato à Presidência da República pela Coligação "Lula Presidente" (PT / PL / PC do B / PMN / PCB).

* O debate teve como moderador o professor Antônio Barbosa do Departamento de Historia da UnB.

extraordinária inovação, como resposta, primeiro, àqueles que diziam que o PT não tinha competência para governar o Brasil, que o Lula não estava preparado para governar o Brasil. Assim, em 1982, na campanha para o governo do Estado de São Paulo, apresentamos um programa de governo com começo, meio e fim. A partir de então, os outros candidatos, muito contra a vontade, foram obrigados a produzir programas de governo.

Mas a novidade não se resume à elaboração de um programa de governo. Afinal, para fazer um programa de governo, bastaria contratar uma pesquisa, selecionar dez ou doze pontos que nela são destacados e apresentar um programa de governo. Ou seja, hoje deve haver até indústria de produção de programa de governo neste País. O que nós mudamos? Nós introduzimos na elaboração de programa de governo a participação popular, pois queríamos que nosso programa de governo não fosse uma proposta do PT para a sociedade, mas que fosse uma proposta da própria sociedade para o Brasil.

Começamos, então, a ouvir a sociedade. Construímos a base do nosso programa através do Instituto Cidadania, viajando por todo o Brasil e ouvindo os mais diferentes segmentos da sociedade. Construímos, assim, alguns projetos que são grandes novidades na política nacional. Por exemplo: fomos o primeiro partido político a apresentar para a sociedade brasileira um programa de segurança pública, pensando-a de forma global e redefinindo, ainda, o papel da União, dos Estados e dos municípios, bem como o próprio papel da sociedade no combate ao crime e à violência.

Produzimos, também, um projeto de moradia. O Sistema Financeiro de Habitação (SFH) tem, nos últimos 10 ou 12 anos, menos um projeto habitacional e mais um projeto de tirar os pobres dos centros das grandes cidades. Normalmente, as casinhas são construídas a 15 ou 20 quilômetros do centro da cidade; e, em geral, são casinhas de 32 metros quadrados, com o mesmo tipo de telhado, janela, porta e portão. Há, também, uma falta de respeito à dignidade humana: na cozinha, ao se colocar a geladeira, tem que tirar o fogão; no quarto, quando entra o homem, tem que sair a mulher; quando coloca o guarda-roupa, tem que tirar a cama. No nosso projeto qual é a diferença? É que não pensamos apenas a casa, mas pensamos a cidade: uma casa precisa de escola, de transporte, de saúde, de lazer, de cultura, de esporte. O nosso projeto pensa uma nova cidade; pensa em como ocupar a totalidade de uma determinada área, criando não apenas a casa, mas as condições das pessoas viverem com dignidade.

Depois do Projeto Moradia, fizemos o projeto de combate á fome. Acredito que nenhum dos funcionários, professores, ou estudantes desta Universidade, ou dos convidados que estão aqui, dorme tranqüilo sabendo que neste país imenso há 43 milhões de mulheres, homens e crianças que não conseguem consumir as calorias e as proteínas necessárias à sobrevivência humana. E não é por falta de alimentos, pois o Brasil produz *per capita* a quantidade de alimento necessária para toda a sociedade brasileira. É por falta de renda que as pessoas não conseguem comprar a sua alimentação adequada. Por isso é que apresentamos um projeto de combate á fome que vai desde as reformas estruturais, incluindo mudanças no modelo econômico, até medidas que podem incluir a distribuição de cupons e cestas básicas, assim como a definição de uma política de renda mínima. O dado concreto é que só vamos resolver o problema da fome definitivamente no dia em que criarmos as condições para que cada homem e cada mulher deste País viva às custas de sua capacidade de trabalhar.

Desenvolvemos, também, um projeto para a energia elétrica no Brasil, cuja situação, nessa área, pode ser mais grave do que pensamos. O Brasil precisa construir hidroelétricas para atender o crescimento da demanda no quadro de crescimento da economia atual. Nosso país precisa produzir 3.500 MWATTS por ano, o que significa um custo de 10 bilhões de Reais. No orçamento que o Presidente Fernando Henrique Cardoso mandou para o Congresso Nacional, contudo, só tem 7 bilhões e 800 milhões para investimentos. Este país não foi pensado, e por isso fizemos um plano para esse país.

Por último, fizemos o projeto "Uma escola do tamanho do Brasil", para resolver definitivamente o problema de Educação com o seguinte princípio: Educação não pode ser analisada como custo; deve ser analisada como investimento que tem retorno num prazo extraordinário. O mesmo governo que tem dinheiro para financiar a vinda de uma multinacional para o Brasil, tem que ter coragem de financiar crédito educativo para os pobres deste país, que não podem pagar uma universidade particular e não conseguem entrar numa universidade pública. Da mesma forma que o governo paga juros da dívida externa ou interna, deve investir em pesquisa e tecnologia para que o Brasil se transforme em um país altamente competitivo. Não é possível que a universidade pública brasileira continue sendo um nicho de privilégio; é preciso sentar em torno de uma mesa, companheiros professores e reitores, junto com o governo e com os estudantes, para tomarmos a decisão de ampliar as vagas nas universidades públicas deste país.

Tudo que falei para vocês resultou no nosso programa de governo, que está destrinçado por áreas específicas. Vamos lançar, ainda, o programa de cooperativa de crédito, de meio ambiente e de saúde. Essas propostas têm como eixo principal a retomada do crescimento da economia e a geração de empregos para nosso povo.

Venho da Bahia e lá, para cada dois jovens que se formam na universidade, apenas um consegue emprego. Fico imaginando na periferia de Salvador, de Brasília e de São Paulo, quantos milhares e milhares de jovens não tiveram a oportunidade de chegar à universidade e a dificuldade que eles têm de conseguir o primeiro emprego. E se não oferecermos a esta juventude a oportunidade de trabalhar, de estudar, de ter acesso à cultura, ao lazer e ao esporte, estaremos entregando de graça esse jovem para o narcotráfico ou para o crime organizado. É preciso ter consciência de que os reais que não forem investidos na Educação, vamos ter que investir na polícia ou na construção de cadeias, em um futuro muito próximo. Então é melhor investir já para criar cidadãos que tenham na cabeça um projeto para ajudar a construir o nosso país.

Para que se possa executar um programa desse, temos algumas reformas que serão feitas de forma diferente. Ou seja, habitualmente os ministros de cada área começam com seus técnicos a elaborar as propostas para esse país. Nós vamos mudar. Os nossos ministros vão ter que aprender que muitas vezes ouvir é mais importante ouvir do que falar. Então, em determinados momentos, as pessoas terão que ter menos bocas e mais ouvidos para ouvir aquilo que a sociedade brasileira quer como principais reformas, a começar com a tão sonhada reforma tributária que todo mundo fala durante 24 horas por dia e não acontece. Por quê? Não acontece porque cada segmento da sociedade tem a sua reforma dentro da cabeça, da qual ninguém quer abrir mão. E como não há um coordenador para sistematizar e fomentar um consenso para uma proposta, estamos há 10 anos com todo mundo achando que tem que ter política tributária e não temos uma política tributária. Pois bem, ao participar de um debate na CNI em junho, assumi o desafio de, no primeiro semestre do próximo ano, se eu ganhar a eleição, envolver a sociedade brasileira e apresentar um proposta de política tributária que tenha como filosofia básica o seguinte: política tributária é uma forma de fazermos justiça social e isso significa que quem ganha mais vai ter que pagar mais para fazermos políticas públicas para quem ganha menos.

A verdade é que a carga tributária no Brasil é muito alta. Mas é muito alta para quem paga, não é muito alta para todos. Está cheio de gente que reclama da carga tributária e não paga imposto e nós achamos que para o Estado receber os impostos tem que ter a contrapartida. O cidadão honesto, chefe de família, que está com sua vida construída, tem uma pequena loja, um pequeno comércio, e até gostaria de pagar o imposto direito, quando vê na televisão que o juiz Nicolau Lalau roubou 160 milhões, que o Luís Estevão participa de maracutaia, diz que não está vendo o pagamento do imposto dele retornando em forma de benefício, em forma de melhor educação, transporte, saúde, lazer, cultura. Então ele também passa para o rol dos sonegadores, já que há setores da economia que se a pessoa pagar adequadamente vai à falência. É melhor, portanto, termos uma carga tributária menor e o governo assumir o compromisso de ter uma grande fiscalização neste país, exigindo que as pessoas paguem, mas, ao mesmo tempo as pessoa, devolvendo o dinheiro em forma de benefício para a sociedade toda. Quando isso acontecer, não teremos maiores problemas.

Depois vamos fazer uma reforma na estrutura sindical brasileira. Os sindicalistas que estiverem aqui que se preparem, porque vai acabar aquela história de ficar só de fora criticando o governo. Vamos reunir os sindicalistas em uma mesa e dizer que não é só reivindicar, é ajudar a fazer e a construir o Brasil que precisamos sem abrir mão das suas reivindicações, é construir um novo país, e vamos precisar de uma adequação na legislação trabalhista, também de comum acordo. Quero dizer que empresários e sindicalistas vão se cansar de tanto que vamos colocá-los em mesas de negociação para resolver metade das coisas que podem ser resolvidas numa mesa de negociação sem precisar de conflito.

Um outro ponto importante é a reforma agrária. Estava no Rio de Janeiro e, falando sobre reforma agrária, estava tão eloqüente, falei tão alto, gritei tanto, berrei tanto, que quase que as minhas veias estouram. Quando desci do palanque, uma senhora de cabelos brancos aproximou-se de mim e disse: "Lula, não dá para você falar a mesma coisa mais baixinho, porque aí, Lula, eu ia entender do mesmo jeito e você poderia falar \`eu vou fazer reforma agrária por uma questão de justiça social´; eu iria entender e não ficaria com medo de você, porque se colocarem você na televisão gritando do jeito que você gritou, quem tiver um terreno de 25 metros quadrados vai pensar que você vai tomar". É, portanto, o jeito de falar.

Como disse já algum dias, estou na fase "Lula paz e amor". Tenho dito aos companheiros do Movimento dos Sem Terra (MST) que vamos fazer a reforma agrária sem precisar ter uma ocupação de terra e sem qualquer violência contra o trabalhador brasileiro. Mas o problema não é apenas assentar novas pessoas; é também o fato de termos quase 4 milhões de proprietários que fazem parte da agricultura familiar e estão no campo sem estrutura para produzir, sem cooperativas, sem cooperativas, e são pessoas que foram educadas secularmente na cultura da sobrevivência. Temos que elevar um pouco o desejo do cidadão; ninguém pode se contentar em produzir apenas feijão de corda e macaxeira para comer. As pessoas têm que aprender a produzir mais e com melhor qualidade para ganhar um pouco de dinheiro, pois eles precisam ter acesso a bens materiais que produzimos. Então precisamos organizar milhares de cooperativas de produção e de crédito. Encher esse país de cooperativas de créditos para que os pequenos produtores e aqueles organizados em uma agricultura familiar possam tomar dinheiro emprestado a 2,5 % e até a juros mais baratos, e não a juros de 8,5% a 9,5%. Vamos mostrar que o país só tem jeito se mudarmos o modelo econômico. Fui em um debate na Federação Brasileira dos Bancos (Febraban) e disse para o banqueiro: o Brasil só vai dar certo o dia que o lucro da produção for maior que os juros da especulação. Enquanto os juros forem maiores, este país, efetivamente, vai ficar dependendo da especulação financeira.

Uma outra reforma que vamos querer fazer é na Previdência social. Vamos respeitar os direitos adquiridos que já estão contidos na própria Constituição, que já tem decisão do STF. O PT deseja criar para o Brasil um sistema universal de Previdência Social com aposentadoria única para servidores públicos e privados, respeitando aqueles que já estão na carreira. Teremos que criar um novo sistema para termos certeza de que a pessoa vai ter tranqüilidade na sua velhice. Aposentadoria é para dar àqueles que passaram a sua vida trabalhando, e mesmo aqueles que tiveram uma impossibilidade de trabalhar, um sistema de seguridade que os proteja; e isso é da responsabilidade de todos os 170 milhões de brasileiros e não apenas deste ou daquele governo. Também isso será feito de comum acordo com a sociedade brasileira.

A outra reforma é a política. Este país só terá a sua democracia consolidada se tiver partido político forte. Neste processo eleitoral, há estados com 15 candidatos a governador. Ou seja, 80% deles estão lá sem base de sustentação, não têm partido; e é preciso termos partidos sérios, não permitindo que as pessoas troquem de partido como se estivessem trocando de casa. É preciso que tenhamos financiamento público dos partidos de uma eleição, proibindo dinheiro da iniciativa privada para campanha eleitoral, se quisermos moralizar a política neste país.

Estes são alguns eixos do nosso programa de governo, que entendemos que devam começar a ser implantados, se ganharmos as eleições, logo a partir do dia primeiro de janeiro.

Tenho dito que vamos instituir no Brasil um novo contrato social. Na verdade, o que estou dizendo é que talvez eu seja a única possibilidade do Brasil construir um pacto social envolvendo todos os segmentos organizados da sociedade para encontrar uma saída para os setores ainda sem organização, onde estão os que passam fome e aqueles que estão fora da escola; aqueles que não têm partido e nem sindicatos; aqueles que encontramos perambulando pelas ruas e muitas vezes não damos muita importância. O meu maior desejo é que possamos recuperar a auto-estima de nossa gente, tendo um governo que saiba fazer as políticas corretas internamente e que saiba defender os interesses brasileiros na sua relação exterior; afinal, o Brasil não pode continuar a ser subserviente ao países ricos não tendo coragem para defender até interesses elementares.

Surge, então, a questão da ALCA. Sou favorável a uma política de livre comércio. O Brasil deve ter livre comércio com todo o mundo, que pressupõe igualdade de disputa. Nas regras do boxe, não pode um peso galo lutar com um peso pesado; como não pode, no futebol, um time juvenil jogar com um profissional. Na política também: na hora em que se senta para negociar com outro país, é preciso entender a correlação de forças. E do jeito que os Estados Unidos estão querendo discutir a ALCA, isso não se chama política de integração e sim de anexação, e não queremos ser anexados. Deixo claro que queremos defender a nossa indústria, a nossa agricultura, os nossos rios. Este país é muito grande e tem um potencial extraordinário, não podendo aceitar ser tratado como se fosse uma republiqueta de bananas. Somos uma grande Nação, temos uma base industrial, uma base intelectual, uma grande base sindical, é apenas uma questão de respeito.

O Brasil pode ter vários processos na Organização Mundial do Comércio, mas não o faz com medo de retaliação. Ninguém entra na briga com medo de perder. Temos que entrar na defesa dos nossos interesses. O Brasil tem que parar de ser apenas exportador de matérias-primas ou de produtos primários. Exportamos café em grãos e quem exporta café solúvel é a Alemanha; produzimos a soja e quem ganha dinheiro é quem transforma em farelo lá fora; exportamos minério de ferro e depois importamos um chip pelo valor de uma tonelada de minério de ferro. Exportamos bauxita e depois compramos alumínio pronto. Este país precisa aprender a colocar valor agregado nos seus produtos e por isso temos que industrializar as nossas empresas.

O Governador Jorge Viana, do Acre, acabou de chegar. Ele é o homem que o crime organizado tentou cassar, tentando impedir sua candidatura. A Senadora Marina Silva, que também está aqui, contou-me uma história com a qual quero terminar minha exposição sobre a questão do valor agregado. Ela me disse que um seringueiro no Acre vende uma árvore de mogno por R$ 30, 00, que pode significar de seis a oito metros cúbicos de madeira. Com seis, ele vende por R$30,00, o que significa que saiu por R$5,00 cada metro cúbico. Quando esta árvore chega no porto de Paranaguá, vale R$ 800,00. Vai para a Itália. Um metro cúbico dá para fazer seis camas, cada cama custa o equivalente a U$3.000,00. Significa que os R$5,00 que o seringueiro pegou no Acre valem R$18.000,00 na Itália quando a cama está pronta. Nossa inteligência deve estar em exportar a cama feita e colocar valor agregado em nosso produto aqui.

Não tem porque continuarmos a ser tratados de forma primitiva; somos uma nação que não é boa apenas no futebol e no carnaval, conhecida lá fora pela violência contra as crianças: queremos respeito. Estive com a embaixadora americana, que é uma pessoa muito simpática e perguntou para mim o que eu ia fazer para ganhar a confiança do povo americano. Disse para ela que era para dizer para o governo americano que quero fazer pelo povo brasileiro o mesmo que o governo americano faz para o povo americano. Quero pensar primeiro no povo brasileiro; segundo, no povo brasileiro; terceiro, no povo brasileiro; e, em quarto lugar, vou pensar nos outros.

Muito Obrigado

PALAVRAS AOS REITORES DA ANDIFES*

Todos têm clareza das dificuldades que o próximo governo vai enfrentar, não apenas na questão econômica, mas em todos os níveis, sobretudo na educação e, mais especificamente, na universidade pública. Temos consciência, também, que as coisas não serão resolvidas do dia pra noite. Nós vamos iniciar um verdadeiro processo de reconstrução para chegarmos ao que todos nós temos que buscar incansavelmente durante o mandato de um Presidente da República: um ensino público de qualidade em todos os níveis.

Eu lembro a vocês que, dificilmente, vamos conseguir consertar o Brasil se pensarmos apenas num mandato de quatro anos. Eu tenho defendido tese de que precisamos planejar o Brasil para vinte ou para trinta anos e, a partir daí, começarmos a construir este projeto degrau a degrau, para que as políticas públicas possam ser levadas adiante pelos próximos Presidentes da República. O que não pode é o Brasil se transformar em um cemitério de idéias não executadas e obras paralisadas.

Um princípio fundamental, para nós, é discutir a educação como investimento e não como custo. Nós temos que acreditar que será através da boa qualidade de formação da nossa gente que

* Discurso proferido pelo candidato na Reitoria da UnB, em 4 de setembro de 2002.

o país vai poder dar um salto de qualidade no médio prazo para tirar, de uma vez por todas, o Brasil da condição de um país emergente, para a de um país efetivamente desenvolvido. E eu acho que nós temos que definir as prioridades corretamente, numa mesa como esta, envolvendo todos os segmentos da sociedade, recuperando o papel da universidade brasileira. É através da negociação que nós temos que redefinir o papel de muitos outros setores da sociedade brasileira.

Tenho feito dezenas e centenas de reuniões pelo País afora e o que tenho constatado é que, no Brasil, perdeu-se o hábito do diálogo. Os governantes não têm diálogo com a sociedade. Passam-se quatro anos, passam-se oito anos e os governantes não conseguem sistematizar o que a sociedade está pensando, o que a sociedade está querendo, o que é possível fazer, o que não é possível fazer. Eu participei de um debate — alguns de vocês devem ter assistido — na Rede Globo de televisão, no Bom Dia Brasil, e a Miriam Leitão quis saber se eu não tinha medo do momento em que o Presidente da República tem de tomar decisões sozinho. Eu respondi que decisões sozinho eu tomo quando tenho um problema íntimo meu e da minha mulher. Mas quando é um problema de Estado, não há como ser solitário e tomar decisão sozinho. Quanto mais gente estiver perto de mim para me ajudar a tomar a decisão, menos chances de errar eu terei. Eu quero assumir o compromisso que, se ganhar as eleições, pretendo passar para a História do Brasil como o presidente da República que recuperou o diálogo entre governo e sociedade.

Na véspera do encontro com o Presidente Fernando Henrique Cardoso no dia 19 de agosto de 2002, tomei a decisão de reunir alguns especialistas. Então nós convocamos umas 30 pessoas: presidentes de federações de indústrias, presidente da CUT, dirigentes da Força Sindical que apoiam a minha candidatura, economistas de várias correntes, representantes do sistema financeiro, da agricultura. Comecei a reunião dizendo: o Presidente da República quer conversar comigo, mas não sei exatamente o que ele quer; por isso, quero ouvir de vocês o que diriam ao Presidente. E nós construímos uma proposta que entregamos por escrito ao presidente Fernando Henrique Cardoso. Uma proposta na qual discutimos o problema do PROEX, o problema das plataformas da Petrobrás, a questão dos aviões da FAB, entre outras. E a partir daí discutimos uma porção de coisas.

O Presidente da República tem que acreditar na sociedade. Não significa transformar o Brasil num assembleísmo, não. Ë ouvir o que a sociedade tem a dizer através dos seus segmentos organizados.

Acho que ou planejamos o Brasil para daqui a quinze anos, ou vamos continuar a ser eternamente um país do futuro. E eu acredito que investir na educação pública de qualidade, da pré-escola à Universidade é a certeza de que estaremos garantindo um futuro melhor a todos os brasileiros. Muito obrigado.

Muito obrigado.

RESPOSTAS AO *BRASIL EM QUESTÃO*

Pergunta nº 1: Em sua proposta de governo, afirma-se a necessidade da capacitação tecnológica das empresas nacionais, públicas e privadas. Para tanto, sua política industrial teria, como foco central, o adensamento das cadeias produtivas e o desenvolvimento tecnológico das empresas. Quais medidas efetivas o seu governo pretende tomar para estimular as empresas a ampliarem seus investimentos na pesquisa e no desenvolvimento da ciência e da tecnologia em nosso País?

Luiz Inácio Lula da Silva: A participação da iniciativa privada no desenvolvimento científico e tecnológico do País ainda é muito pequena. O aumento do investimento privado em C&T requer a construção de cultura empresarial que valorize a inovação tecnológica constante de produtos e processos. Isto requer um trabalho cultural, que pode ser incentivado pelo governo.

No entanto, já há experiências incríveis. Em recente visita que fiz à Zona Franca de Manaus, tive oportunidade de conhecer uma dessas iniciativas exemplares de investimento em C&T por parte da iniciativa privada. No caso, a empresa Gradiente, com o Programa Genius.

As políticas públicas de Ciência e Tecnologia setoriais devem exigir contrapartidas dos setores privados em investimentos em pesquisa. Mas, para construir esta cultura, é preciso de ter, efetivamente, uma política nacional de Ciência e Tecnologia, que não pode ser feita no curto prazo. É necessário um planejamento de longo prazo.

As propostas que apresentei para o desenvolvimento da Ciência e Tecnologia na SBPC são as seguintes:

1. A política de C&T será tratada como um problema de Estado e não só de governo.

2. O Estado terá papel indutor estratégico essencial na política de C&T.
3. Vamos recuperar e aprimorar o Sistema Federal de C&T.
4. Os gastos em C&T não serão tratados apenas como custos correntes, mas como investimento em futuro melhor. Nossa meta, pela alocação de recursos públicos e estímulo ao investimento privado em C&T, é aumentar progressivamente o percentual do PIB para esta área, que é hoje de menos de 1% do PIB, para algo próximo de 2% do PIB no final do nosso mandato, incluindo aí o apoio a alguns segmentos específicos de pós-graduação que definirmos como prioritários.
5. A vocação para a pesquisa da Universidade Pública será fortalecida.
6. A política industrial, a agropecuária e a de serviços serão articuladas às de C&T.
7. Serão implementados processos e mecanismos para a democratização das decisões em C&T em todos os níveis, envolvendo a comunidade científica e tecnológica e representantes da sociedade.
8. Adotaremos política externa de cooperação internacional, respeitando direitos assumidos por todos, mas que atuará com decisão, contrapondo-se às legislações restritivas e lesivas aos interesses nacionais.
9. O ensino de ciências no País será melhorado, e o governo estabelecerá um Programa Nacional de Popularização da Ciência, envolvendo instituições científicas, Universidades, centros e museus de ciência.
10. Será criado um programa emergencial para a recuperação da infra-estrutura de ciência e tecnologia, para evitar maiores perdas no potencial de que o País ainda dispõe.

O nosso programa de C&T estará, portanto, intimamente articulado com nosso projeto de nação e visa a contribuir efetivamente para o desenvolvimento social e econômico do País.

- **Pergunta nº 2:** Qual será o modelo de ensino superior a ser incentivado em seu governo?

Luiz Inácio Lula da Silva: A educação superior é importante na formação acadêmica e ética de recursos humanos, nas atividades de pesquisa científica e tecnológica e no desenvolvimento cultural, econômico e social da nação. Para construir um país soberano, é essencial investir em seus recursos humanos, em educação, ciência e tecnologia.

A importância do papel da educação superior contrasta com o quadro que se apresenta no País:

- as matrículas são as mais baixas do Continente. Enquanto, em alguns países, a taxa de matrícula é superior a 20% (Argentina, Equador, Costa Rica e Venezuela), noutros fica entre 15% e 20% (Peru, Uruguai e Chile), no Brasil a taxa é de 11% (abaixo da Bolívia, Colômbia e México).
- 2/3 dessas matrículas se dão nas instituições privadas.
- as Universidades Públicas não gozam, de fato, da autonomia constitucional porque seus dirigentes têm de ficar mendigando recursos ao governo.
- o financiamento do MEC para as 52 instituições federais corresponde hoje a apenas 0,6% do PIB, pouco mais da metade que representava em 1989.

Do conjunto de propostas para a educação superior elaboradas por uma equipe de especialistas em educação, coordenada pelo Prof. Newton Lima Neto, ex-Reitor da UFSCar e Prefeito de São Carlos, e que fazem parte de nosso programa de governo, destaco quatro:

A) a elevação do volume global e *per capita* de recursos públicos aplicados na educação superior, para se poder atingir, com qualidade, a meta de matrícula de 30% dos jovens da faixa etária de 18 a 24 anos, no prazo de dez anos, prevista no PNE (Plano Nacional de Educação). Para isso, é imperioso que as vagas na educação pública sejam ampliadas no mesmo período, para atingir, no mínimo, a participação de 40% do total das vagas oferecidas, conforme estabelecido no PNE.

B) criação de programa social de crédito educativo, voltado à população estudantil mais carente de recursos financeiros matriculada em instituições privadas, que supere os estreitos limites do atual crédito educativo, que não cobre nem 5% das matrículas privadas e não beneficia os mais carentes, isto é, os que não podem comprovar um certo nível de renda, visando a que ninguém seja excluído do acesso ao ensino superior por falta de recursos.

Hoje, de cada 3 jovens que estão fazendo curso superior, 2 estão em Universidades privadas. Enquanto as matrículas nos estabelecimentos privados aumentaram 86% nos últimos 8 anos, no setor público esse índice foi de apenas 28%, em função da falta de apoio do governo federal que impôs às Universidades federais redução orçamentária de 0,9% do PIB (1994) para 0,6% do PIB (2001). Este drástico corte de 1/3 na suas verbas explica a crise pela qual passam as Universidades federais.

A meta é triplicar a oferta de apoio financeiro por meio de: a) ampliação de crédito educativo para 396 mil alunos (meta aprovada pelo CN e vetada por FHC); e b) criação do Programa Bolsa Universitária, integrante do Programa Nacional de Renda Mínima, para atender a 180 mil estudantes que prestarão serviços a suas comunidades.

C) fortalecimento da vocação para a pesquisa da Universidade Pública

As Universidades Públicas e os institutos de pesquisa serão valorizados, terão programa para a recuperação de sua infra-estrutura e ganharão maior autonomia; mas serão cobradas a responder de forma mais eficaz às demandas da sociedade. O papel dessas instituições será ampliado em um abrangente projeto nacional de desenvolvimento científico, tecnológico e industrial.

D) cotas para segmentos sociais específicos

É preciso romper a lógica vigente segundo a qual aos mais pobres estão reservadas as vagas em escolas públicas despreparadas no ensino básico, e o acesso a Faculdades e Universidades pagas de baixa qualidade. Enquanto isso, os ricos têm maior acesso às escolas privadas de qualidade e às Universidades Públicas brasileiras, reconhecidamente de mais alto nível.

Por isso, defendo um programa para todo o sistema de educação, de forma a melhorar, e muito, a qualidade do ensino básico e médio e, ao mesmo tempo, garantir oportunidades de acesso aos negros nas Faculdades Públicas com cotas.

O PT foi o primeiro partido a criar o sistema de cotas e a garantir de 30% da direção do Partido destinados às mulheres.

Sobre o sistema de avaliação dos cursos, não podemos admitir que o estudante só venha a se dar conta da qualidade de seu curso quando já está prestes a concluí-lo.

Assim, com base no Programa de Avaliação Institucional das Universidades Brasileiras (PAIUB), proposto pelo MEC em

1994 e abandonado pelo atual Governo, será implementado, no nosso governo, sistema de avaliação institucional. Ele terá, como objetivo principal, a melhoria da gestão institucional e da qualidade acadêmica das Instituições de Ensino Superior.

O atual Exame Nacional de Cursos (Provão) focado no aluno será revisto para que a avaliação do desempenho dos estudantes passe a ser apenas um dos aspectos considerados na avaliação.

■ **Pergunta nº 3:** Quais serão os programas de proteção social a serem implantados em seu governo? Como torná-los catalisadores de mudanças estruturais na sociedade, superando abordagens meramente compensatórias e/ou assistencialistas?

Luiz Inácio Lula da Silva: Os países desenvolvidos constituíram verdadeira rede de proteção social aos desempregados, aos velhos, às crianças, às gestantes, aos produtores em regiões e/ou setores desfavorecidos, aos trabalhadores formais e informais de modo geral. Alguns deles se tornaram universais nesses países, como os direitos trabalhistas para todos os empregados, o direito à aposentadoria para todos os idosos, etc.

As políticas sociais devem ser vistas como sucessivas camadas de proteção que se combinam de modo a garantir o bem-estar social das famílias e os direitos humanos. Entre esses direitos, está o de ter uma alimentação adequada garantida por uma política nacional de segurança alimentar, os direitos trabalhistas, a previdência social, a educação, a saúde pública, e tantos outros – tudo o que garante dignidade à vida. Só assim nos poderemos libertar de visões que distinguem as políticas sociais das demais políticas socioeconômicas de um país.

Para formar uma verdadeira rede de proteção social, é necessária uma conjugação adequada entre as chamadas políticas estruturais – voltadas à redistribuição da renda, crescimento da produção, geração de empregos e reforma agrária, entre outros – e as intervenções de ordem emergencial, muitas vezes chamadas equivocadamente de políticas compensatórias, visando a eliminar, no menor prazo possível, o sofrimento dos quem têm fome. O combate à fome não deve ser confundido com o ato de "dar comida", pois os instrumentos que estamos propondo permitem promover o desenvolvimento, gerar emprego e produção e distribuir renda. Dessa forma, o combate à fome, na nossa opinião, deve ser o centro de novo modelo de desenvolvimento econômico, que tenha o social e o combate à miséria como eixo fundamental.

Além das medidas estruturais antes citadas, defendemos: uma política de apoio efetivo para agricultura familiar; o direito à previdência social, independentemente do tempo de contribuição, para todos os trabalhadores familiares, sejam eles da economia rural ou da economia informal urbana, garantindo a universalidade que está prevista na Constituição; a bolsa-escola para que todas as crianças de famílias pobres possam ter formação educacional adequada; a ampliação da merenda escolar, atingindo todas as crianças que freqüentam escolas públicas, incluindo creches; e, finalmente, o apoio aos inúmeros programas já criados por governos estaduais, prefeituras e pela sociedade civil organizada que buscam combater a fome com restaurantes populares, bancos de alimentos, modernização dos equipamentos de abastecimento, incentivo à agricultura urbana, apoio ao autoconsumo alimentar e à agricultura familiar.

Como a fome compromete as gerações futuras, deve ser combatida já, e deve-se fazer o possível e o impossível para erradicá-la no menor espaço de tempo possível. O Brasil tem as duas condições necessárias para reduzir a fome a números mínimos em curto espaço de tempo. Uma é a nossa agricultura, capaz de produzir todos os alimentos necessários e ainda exportar os excedentes. A outra são os recursos necessários para garantir o direito de uma alimentação adequada aos milhões de pessoas que não têm renda. Por isso, podemos dizer que podemos eliminar a fome, assim como podemos acabar com o analfabetismo e com as outras mazelas sociais próprias de falta de políticas públicas adequadas.

Para que estas ações catalisem a sociedade, é fundamental ter em conta a noção do Direito Social, superando a visão de que o benefício social é “um favor” ou uma “dádiva”. As políticas sociais, portanto, devem reforçar o caráter de tornar os beneficiários “atores” do processo de construção, execução e fiscalização dos programas sociais. A atuação das entidades da sociedade civil, que têm desenvolvido excelentes programas de melhoria das condições de vida da população mais carente, também deve ser considerada no desenho institucional das novas políticas. Por fim, é importante mencionar que, hoje, caminha-se para um desenho institucional dos programas sociais em que se exigem contrapartidas dos beneficiários, como a prestação de trabalho comunitário, a freqüência escolar dos filhos, a busca de qualificação profissional e a participação de cursos de alfabetização, quando necessário.

▪ **Pergunta nº 4:** Para combater os desequilíbrios regionais, destacam-se, em sua proposta de governo, ações prioritárias direcionadas a duas macrorregiões: a Amazônia e o Nordeste. Em que consistiriam tais ações e quais seriam suas fontes de financiamento? E para o Centro-Oeste, há algum programa específico?

Luiz Inácio Lula da Silva: É preciso ter em conta que:

A) Sobre o Nordeste:

- Nos tempos atuais, a renda média do Nordeste ainda é 55% da renda brasileira.
- A região tem quase 30% da população e gera apenas 16% do PIB nacional.
- Sua infra-estrutura econômica requer ainda investimentos de peso para assegurar competitividade às suas empresas. O peso do Nordeste nas exportações brasileiras vem declinando a olhos vistos, em tempos de abertura comercial intensa e rápida: dos 17% nos anos 70, o NE, hoje, representa cerca de 7% do valor das exportações do País.
- A maior parte das áreas e das pessoas do Nordeste continua a precisar de políticas ativas e diferenciadas.

A Sudene foi criada em 1959 com um papel de diminuir as disparidades regionais e integrar as regiões do País. Sua criação, tendo em Celso Furtado seu mentor, e em JK o principal incentivador, foi inovadora e ousada.

Furtado já reconhecia, à época, que o problema do Nordeste não era a seca, como as elites locais queriam fazer a população crer para se conformar com sua pobreza. A causa do problema era a sua estrutura socioeconômica e política; e a inserção subordinada do Nordeste na economia nacional.

Furtado conta que, quando teve oportunidade de expor pela primeira vez o problema a JK em janeiro de 1959, ele disse ao presidente que "O problema do NE não é econômico. Tem muita gente rica no NE. Há muito dinheiro na região e se tira muito dinheiro de lá. O problema é social, com muita gente passando fome e a produção de alimentos é insuficiente. Além disso é preciso pensar em outros problemas vitais, que são o abastecimento de água, a habitação e educação básica. É preciso reconstruir o NE".

JK olhou para Furtado e disse: "Porque não me disseram isso antes? Perdemos muito tempo. Você tem vinte dias pra botar isso no papel. Vamos fazer um plano de desenvolvimento para o NE.".

Quero repetir aqui a frase de JK: já perdemos muito tempo. Vamos fazer um plano de desenvolvimento para o NE. Vamos refundar a SUDENE.

Mesmo com a perda de autonomia no período militar, e com a crise financeira do Estado, ela cumpriu, durante mais de 40 anos, grande papel, contribuindo para a diminuição das distâncias sociais e econômicas dentro do país. Seu papel foi fundamental, por exemplo, na implantação dos grandes projetos de irrigação do Rio São Francisco e na aceleração da industrialização da região, especialmente em produtos intermediários. Os Pólos industriais, que hoje são chamados de "ilhas de dinamismo" na região, passaram pelos incentivos da SUDENE: o Pólo Petroquímico de Camaçari, o Pólo Minero-metalúrgico do Maranhão, o Pólo de Fruticultura/ Agricultura Irrigada de Petrolina/Juazeiro e o Pólo Têxtil/ Confecções de Fortaleza; Complexo Industrial Integrado de Base de Sergipe; Complexo Químico-metalúrgico do Rio Grande do Norte; e Pólo Cloro-químico de Alagoas, além do III Pólo Industrial Diversificado do Nordeste (Ceará).

No entanto, da visão inovadora de Celso Furtado, pouco havia restado da SUDENE. A extinção da SUDENE e sua substituição por uma agência de desenvolvimento – ADENE – há um ano, apenas refletiu a falta de política regional do atual governo.

Mas, a ADENE não teve seu papel definido e acabou tornando-se mais uma agência de desenvolvimento encarregada de examinar projetos isolados com recursos limitados. Para isso já existe o Banco do Nordeste. Alem disso, só avaliza projetos a partir de demandas específicas, o que impede o papel do Estado de indutor do desenvolvimento de uma região retardatária

A quase ausência de uma política regional em escala nacional conduzida pela União, fez imperar uma "guerra fiscal" fratricida entre Estados e Municípios. Nossa política será diferente. Recriaremos a SUDENE, mas resgatando seu papel original como agência de planejamento inserida dentro de uma política de desenvolvimento regional. Precisamos pensar este país a longo e médio prazo, como fez JK. O Conselho Deliberativo da SUDENE será recriado, ampliado e democratizado. A sociedade brasileira precisa de ver, na magnífica heterogeneidade regional do País, uma vantagem, um grande potencial, e não um peso, um problema. E precisa de se dar conta de que, em todas as suas macrorregiões, existem, hoje, sub-regiões dinâmicas e outras em crise ou abandonadas pelas políticas federais.

Para isso, vamos tomar as seguintes medidas no início do nosso Governo:

a) Criar uma política federal de desenvolvimento regional, de corte nacional, visando a tratar, de forma diferente, as diferentes regiões do País, com diretrizes, objetivos e metas claros.
b) Romper com a concepção tradicional que tende a ver o regional como problema a ser enfrentado "ao lado" das demais políticas. O corte regional fará parte de todas as políticas do Governo.

E funcionará no Recife, para sentir o pulsar das demandas regionais, substituindo esse simulacro de Conselho levado para Brasília segundo a Medida Provisória proposta por FHC.

B) Política para a Amazônia

A nova inserção da Amazônia no desenvolvimento nacional requer um redesenho institucional visando a superar dispersão, desconexão e conflito entre as diferentes políticas e projetos em execução na região. Dentro do programa de governo específico para Amazônia, destaco os seguintes pontos:

a) estabelecer mecanismos fiscais e tributários que realizem a equivalência, no Mercado, para os preços dos bens de origem sustentável, que ainda não incorporam o valor dos serviços ambientais que regiões como a Amazônia oferecem para toda a sociedade;
b) apoiar diversificação, modernização e comercialização dos produtos extrativistas, dos sistemas agroflorestais e opções para o uso múltiplo da floresta, criando novas reservas extrativistas, juntamente com as comunidades e as entidades representativas;
c) redirecionar as linhas de financiamento das agências, incorporando critérios de sustentabilidade e valorizando a produção familiar;
d) desenvolver incentivos especiais para atividades de ecoturismo, turismo rural e turismo científico. A Amazônia reserva um potencial inestimável para o setor Atividades, que permite amplo encadeamento produtivo e social.

C) Cerrado e Pantanal

O Cerrado é o segundo maior ecossistema brasileiro e ocupa em torno de 25% do território nacional. Estudos indicam que apenas 1/3 da área está ainda com sua vegetação original, sendo a expansão agropecuária um dos maiores responsáveis por isso. É fundamental ampliar os investimentos em pesquisa e na implementação de políticas públicas que visem ao uso sustentável do Cerrado e também aproveitem economicamente os produtos deste ecossistema.

O Pantanal é um ecossistema ameaçado na Região Centro-Oeste. O assoreamento dos rios, a abertura das rodovias e do gasoduto Brasil–Bolívia são alguns dos fatores que aumentam os riscos a este ecossistema. Ao lado de uma política de preservação e recuperação dos rios e do controle da atividade pecuária nas áreas inundadas, é importante reforçar a visão de que a floresta, as águas e a atividade agropecuária devem ser articuladas, uma vez que estas atividades dependem da existência das anteriores. Portanto, a preservação dos recursos naturais (flora, fauna e água) estará sempre articulada com as políticas agrícolas e industriais, o incentivo ao turismo e outras atividades que garantam o desenvolvimento sustentável das populações locais.

Sobre as fontes de financiamento, é necessário tomar medidas de imediato para democratizar os Fundos Regionais já existentes, como o FNE, no caso do Nordeste, descentralizando sua gestão em Comitês Regionais (recuperando a idéia força do Conselho Deliberativo criado pela SUDENE nos anos JK), braços descentralizados do Conselho Nacional de Políticas Regionais. Só assim iremos garantir que os recursos se destinem prioritariamente a microempresas e pequenas empresas e aos agricultores familiares;

Esses fundos constitucionais, alocaram cerca de R$ 4,3 bilhões na Amazônia nos últimos anos. Como resultado, o BASA é responsável, hoje, por 72% do financiamento ao desenvolvimento da região e dos incentivos fiscais por meio do FINAM (Fundo de Desenvolvimento da Amazônia que, junto com o FINOR e o FUNRES, tornaram-se os principais incentivos fiscais financeiros regionais do País). O FCO disponibilizou, até o ano 2000, por meio do Banco do Brasil, R$ 3,8 bilhões, o que equivale a 5,5% do PIB da região em 1998, destinados a 152,1 mil operações de crédito efetuadas por produtores rurais, empresas do setor agropecuário, indústria e de serviços.

Pergunta nº 5: Em seu programa de governo, estão relacionadas algumas estratégias para a melhoria da qualidade ambiental no Brasil: (1) a adoção de critérios socioambientais de sustentabilidade para as políticas públicas; (2) o estabelecimento de metas de melhoria dos indicadores socioambientais; e (3) o controle social por meio da participação popular, da educação e da informação ambientais. O senhor poderia explicar mais detalhadamente essas estratégias, explicitando as medidas práticas e os arranjos institucionais necessários para implementá-las?

Luiz Inácio Lula da Silva: O principal compromisso do meu governo na busca de um desenvolvimento ecologicamente sustentável, socialmente justo e economicamente viável para o Brasil será trabalhar incansavelmente pela melhoria da qualidade de vida e por um ambiente saudável para todos. É o mesmo compromisso manifesto na Agenda 21, que ainda não foi devidamente implementada no Brasil.

Deveremos internalizar, no Estado brasileiro, a idéia-força de sustentabilidade ambiental, que funcionará como um dos eixos estruturantes das políticas públicas. Não se trata apenas da conservação dos recursos naturais, mas, sobretudo, das formas sociais de apropriação e uso desses recursos. Por isso, o nosso governo estimulará a realização de uma Conferência Nacional de Meio Ambiente e Desenvolvimento, de modo a estimular o livre debate sobre as estratégias da sustentabilidade ambiental.

O Brasil possui uma legislação socioambiental considerada avançada, com destaque para o capítulo de meio ambiente na Constituição Federal de 1988 e todo o arranjo legal que instituiu a política nacional de meio ambiente. Nosso governo, procurando impulsionar modelo de desenvolvimento sustentável, trabalhará para que os órgãos de meio ambiente sejam capazes de combinar de modo mais equilibrado as funções regulatórias com as tarefas de gestão e planejamento, estabelecendo canais de comunicação inter-setoriais, facilitando a incorporação da variável ambiental nas estratégias e ações governamentais.

Nas negociações internacionais, o governo Lula estará sempre contabilizando o ativo ambiental do País ante o passivo dos países ricos, que se desenvolveram com base na exploração acelerada e na devastação de seus territórios. Agora, esses países estão consumindo intensivamente os recursos naturais dos países pobres do mundo. Não é de estranhar, portanto, que os países ricos sejam os que mais contribuem para o chamado efeito estufa da atmosfera, principalmente por causa da liberação crescente de CO_2. No âmbito do Mercosul e do Tratado de Cooperação Amazônica, o Brasil deve exercitar a solidariedade, evitando reproduzir na América Latina as tradicionais relações autoritárias que marcaram o Continente.

Diretriz da política urbana deve ser a incorporação da perspectiva ambiental na concepção, na definição, na implementação e na avaliação das políticas públicas setoriais urbanas voltadas ao planejamento urbano, buscando contemplar soluções para, por exemplo: ocupação irregular do solo (especialmente áreas de risco e preservação), má qualidade do ar e saneamento ambiental deficitário.

Na área rural, também os problemas são sérios: contaminação humana, do solo e recursos hídricos por agrotóxicos e ausência de saneamento ambiental estão entre eles.

Em relação a outras instâncias do governo, caberá maior aproximação com o Sistema Nacional de Recursos Hídricos, especialmente os Comitês de Bacias, com o Sistema Nacional de Resíduos Sólidos (ainda em discussão) e outros.

Metas

- O Ministério do Meio Ambiente deve recompor a centralidade das políticas ambientais para o conjunto do Sistema, assumindo o seu papel de coordenação estratégica, dialogando permanentemente com os demais ministérios. No âmbito do SISNAMA, o Ministério estimulará a coordenação do sistema público e descentralizado, como previsto na legislação brasileira. Isso quer dizer, trabalhar para:
  a) definir com clareza as competências mutuamente exclusivas do IBAMA e dos órgãos ambientais estaduais;
  b) apoiar a capacitação dos municípios para a gestão ambiental local;
  c) criar espaços de articulação de forma que o SISNAMA tenha capacidade de implementar estratégias verdadeiramente nacionais.
- Elaboração de Projeto de Lei Complementar fixando normas para a cooperação entre União, estados, municípios e o DF, de forma que os entes federativos identifiquem e cumpram suas vocações específicas para a proteção ambiental de forma integrada;
- O IBAMA será fortalecido. Para tanto, as mudanças que se podem prever para o IBAMA estarão mais centradas na reformulação de sua estrutura e na redefinição de suas atribuições, adequando de maneira mais apropriada a sua função de executor das decisões do CONAMA e das diretrizes e dos planos de Governo, por intermédio do Ministério do Meio Ambiente.

Controle social

- O CONAMA tem-se caracterizado como um dos mais ativos conselhos na esfera governamental. A razão principal disso é a representatividade de sua composição, uma conquista dos diversos setores que o compõem, em especial os movimentos ambientalistas e as entidades representativas de estados e municípios. O CONAMA será fortalecido de modo a consolidar seu papel no âmbito do sistema nacional como um todo. Ainda no âmbito do sistema, deverá ser reestruturado o FNMA, ampliando suas fontes e áreas de atuação, sem descaracterizá-lo como principal agente financiador de projetos na área ambiental.
- Estabelecimento de uma política industrial que articule mudanças no sistema produtivo, estimulando a incorporação de novas tecnologias ambientais (que já estão sendo desenvolvidas), por meio de fóruns de diálogo com os diversos setores e envolvimento da comunidade científica, os institutos de estudos tecnológicos e as organizações do mundo do trabalho, buscando alterar o sistema linear – produz, consome e despeja – para o circular ou à formulação de projetos de lei que levem o setor produtivo a se responsabilizar pelo conjunto do ciclo de vida de seus produtos, desde a reutilização e a reciclagem até o descarte apropriado.
- Integrar a política ambiental com as delegacias regionais de trabalho na implantação de programa que priorize melhores condições ambientais nos locais de trabalho, com participação dos trabalhadores e sindicatos é outra medida prática urgente, que deve ser tomada.

Protocolo de Araguari

O que prevê:

Prevê a possibilidade de criação de grupos contíguos de reservas legais em imóvel separado das propriedades onde estão os cultivos. "A compra da reserva fora do imóvel agrícola só é permitida aos produtores que já tiveram toda área ocupada com cultivo", diz. Aqueles que têm mata dentro da propriedade são obrigados a mantê-la.

As leis sugerem que se faça a reserva ao lado da do vizinho ou junto a áreas de preservação permanente, como matas ciliares, nascentes, fronteiras de mananciais e topos de morros. Nas propriedades onde for grande a parcela de "preservação permanente", a reserva legal pode ser aí incluída. O Código Florestal admite que, nas propriedades de 20 a 50 hectares, podem ser contados como reserva legal os maciços arbóreos, sejam frutíferos, ornamentais e industriais. Os produtores têm prazo para usufruir da produção, depois têm de parar com os tratos culturais e deixar a mata se formar.

Lei da Natureza (*Globo Rural*, janeiro de 1988, por Gislane Silva)

"É necessário que o proprietário apresente um projeto da nova área a ser preservada, juntando toda a documentação da propriedade original e da outra na qual será instituída a reserva. Esse projeto é desenvolvido por um agrônomo e assinado por um advogado. Com isso em mãos, o proprietário apresenta o pedido ao órgão competente, assina um termo de responsabilidade, comprometendo-se a cumprir todas as fases do projeto. Essa é a melhor alternativa para quem não tem a área de reserva de mata nativa disponível em sua propriedade."

(Estado de S.Paulo, quarta-feira, 20 de janeiro de 1999 – matéria "Lei impõe área de mata nativa na fazenda", de Augusto Ribeiro Garcia)

■ **Pergunta nº 6:** Para a política externa, sua proposta de governo destaca a necessidade de revigorar o Mercosul, construindo instituições políticas e jurídicas e uma política externa comum entre os países membros. Considerando a conjuntura de fragilidade econômica desses países, quais seriam as medidas a serem tomadas para a construção de tais instituições?

Luiz Inácio Lula da Silva:

- Uma nova política externa deverá igualmente contribuir para reduzir tensões internacionais e buscar um mundo com mais equilíbrio econômico, social e político, com respeito às diferenças culturais, étnicas e religiosas.
- Um projeto de desenvolvimento nacional terá forte impacto mundial, sobretudo em nosso Continente.
- Proposta do Brasil: Pacto regional de integração, especialmente na América do Sul e em todos os países da América Latina.
- Mercosul: transformá-lo em zona de convergência de políticas industriais, agrícolas, comerciais, científicas e tecnológicas, educacionais e culturais.
- Construção de instituições políticas e jurídicas e desenvolvimento de política externa comum.
- No Mercosul, os interesses nacionais do Brasil, assim como de seus vizinhos, podem convergir no âmbito regional.
- Fortalecimento ante a ALCA. O governo brasileiro não poderá assinar o acordo da ALCA se persistirem as medidas protecionistas extra-alfandegárias, impostas há muitos anos pelos Estados Unidos.

- O protecionismo foi agravado recentemente pelas condições definidas no Senado norte-americano para a assinatura do tratado e pela proteção à agricultura dos Estados Unidos.
- Processos de integração regional exigem mecanismos de compensação que permitam às economias menos estruturadas poderem tirar proveito do livre comércio e, não, sucumbir com sua adoção.
- As negociações da ALCA não serão conduzidas em um clima de debate ideológico, mas levarão em conta essencialmente o interesse nacional do Brasil.
- Nosso governo esforçar-se-á para construir relacionamento sadio e equilibrado com os Estados Unidos, país com o qual mantemos importante relação comercial.
- O Brasil buscará estabelecer relações econômicas, políticas e culturais com os países que integram o Acordo de Livre Comércio da América do Norte (NAFTA), a União Européia e o bloco asiático em torno do Japão; permitirá contornar constrangimentos internacionais, diminuir a vulnerabilidade externa e criar condições mais favoráveis para a inserção ativa do País no mundo.
- Ao mesmo tempo, nosso governo conduzirá a aproximação com países de importância regional, como África do Sul, Índia, China e Rússia. Trata-se de construir sólidas relações bilaterais e articular esforços a fim de democratizar as relações internacionais e os organismos multilaterais como a Organização das Nações Unidas (ONU), o Fundo Monetário Internacional (FMI), a Organização Mundial do Comércio (OMC) e o Banco Mundial. O Brasil, como segundo país com maior população negra no mundo,

deverá voltar-se para a África, explorando os laços étnicos e culturais existentes e construindo relações econômicas e comerciais.

- Com a África do Sul, em particular, buscará aproximação para construir nova política em direção àquele Continente, sobretudo no que se relaciona aos países de língua portuguesa.

Pergunta nº 7: Sua proposta de governo destaca a necessidade de novo pacto federativo que "(...) promoverá não só a independência entre os três poderes da República como também uma relação mais equilibrada e respeitosa entre União, estados e municípios". Quais seriam os princípios desse novo pacto federativo?

Luiz Inácio Lula da Silva: No plano do Poder Executivo, o pacto federativo, deverá buscar as seguintes distribuições de responsabilidades:

a) Governo Federal: Responsável pela definição da grande estratégia de desenvolvimento nacional, definida mediante pacto entre o governo federal, estados, municípios, conselhos de desenvolvimento federais, estaduais e municipais, organizações não-governamentais, empresários, representações sindicais e sociais, representações parlamentares e jurídicas. Também é responsável pela provisão dos recursos para os macroprogramas e programas estratégicos a serem implementados.

b) Governos Estaduais: Responsáveis pela implantação de infra-estrutura dos sistemas de produção, arazenamento, transporte e comercialização destinados ao funcionamento dos programas. Deverá implantar o Sistema Estadual de

Monitoramento para o acompanhamento das ações no estado, bem como promover avaliações de gestão global do estado por resultados obtidos, para alimentação do Sistema Nacional de Informações e Monitoramento;

c) Governos Municipais: Responsáveis pela gestão dos sistemas e dos programas no âmbito de seus municípios, necessários ao desenvolvimento das ações constantes da Grande Estratégia de Desenvolvimento Nacional, assim como por estabelecer o Sistema Municipal de Informações e Monitoramento para o acompanhamento das ações no município e promover avaliações de gestão global do estado por resultados obtidos, para alimentação do Sistema Nacional de Informações e Monitoramento.

No plano dos Três Poderes, o pacto federativo, deverá buscar:

a) Estabelecimento de mesas de conversações por meio do fortalecimento dos Conselhos Nacionais, objetivando as discussões de grandes problemas nacionais e os caminhos propostos, de forma a abrir espaços de construção coletiva e negociada de propostas de ações em consonância com a Grande Estratégia de Desenvolvimento Nacional.
b) Estabelecimento de mesas de conversações por meio do fortalecimento das relações com os líderes do Congresso Nacional, do poder judiciário, da sociedade civil organizada, do terceiro setor, das organizações sindicais e movimentos sociais, em câmaras setoriais para discussão dos temas específicos que conformam a Grande Estratégia de Desenvolvimento Nacional.

No plano das relações internacionais, o pacto federativo, deverá buscar:

a) A dinamização das ações diplomáticas junto aos países latino-americanos, bem como a sua participação de forma mais efetiva, buscando opções de intercâmbios mercadológicos, técnico-científicos, culturais, educacionais, entre outros, estabelecendo critérios monetários mais equânimes entre a realidade de cada País, o que não implicaria a obrigatoriedade do Dólar nas relações de Mercado, mas de correspondência entre produtos, por exemplo. A ação do Brasil junto ao Parlamento Latino-Americano – PARLATINO deverá demonstrar-se de forma proativa, assumindo a postura de maior país do continente latino, no sentido de buscar o fortalecimento e a união amplos dos países irmãos.

b) O estreitamento das relações no MERCOSUL, buscando a ampliação de acordos bilaterais e multilaterais entre os Países membros, procurando estabelecer critérios mais realísticos entre as economias, especialmente sob os aspectos de equilíbrio cambial, procurando a correlação entre produtos importados e exportados nos países, especialmente àqueles produtos que os países do MERCOSUL importam de outros países ou de outros blocos econômicos, implicando fuga de capitais entre os parceiros. A idéia é buscar o fortalecimento interno do bloco com vistas na substituição de importações dos produtos externos aos produzidos no Bloco.

Ou seja, o princípio deste grande pacto federativo está centrado na defesa da soberania nacional e no desenvolvimento do País com vistas na distribuição desse desenvolvimento a todo o povo brasileiro, assim como na discussão desta mesma visão a todos os países latino-americanos, os quais devem estar unidos em torno de um mesmo ideal: a soberania nacional, o desenvolvimento do País e de seu Povo.

RESPOSTAS ÀS QUESTÕES DE C&T*

Pergunta nº 1: Inovação tecnológica e competitividade das empresas brasileiras

Luiz Inácio Lula da Silva: A ciência e a tecnologia são a base do desenvolvimento social e econômico, e o Brasil precisa tomar medidas urgentes para superar o atraso que acumulamos nessa área. Isso é essencial para podermos retomar a produção agrícola e industrial, aumentar o emprego e combater a miséria, prioridades fundamentais de nosso programa de governo. Então, é evidente que vamos estimular ao máximo a pesquisa científica e tecnológica. Nesses últimos anos, estudamos a melhor forma de fazer isso em debates e discussões com pesquisadores, intelectuais, políticos, empresários, participantes de organizações não-governamentais e de movimentos sociais. A partir daí, concluímos que temos uma boa base científica, mas ela ainda precisa de dobrar de tamanho, para o tamanho da nossa economia. Ainda mais importante: falta trazer esse conhecimento para dentro das empresas, para que ele possa-se transformar em inovações tecnológicas.

Em julho de 2002, encontramo-nos com a direção da Sociedade Brasileira para o Progresso da Ciência (SBPC), em Goiânia, quando apresentei o nosso programa de governo para Ciência e Tecnologia. Nesse documento, deixo clara a minha tristeza em ver o País se inserir de forma subordinada no contexto internacional, ocupando hoje um papel secundário e dependente.

* As propostas para C&T aqui apresentadas foram editadas do conjunto de entrevistas feitas pela ABIPTI – Associação Brasileira das Instituições de Pesquisa Tecnológica, primeiramente publicadas no Informativo *Gestão C&T – Informação e Comunicação para os Sistemas Estaduais de C&T*, Centro ABIPTI de Informação Tecnológica, ano 2, número 23, ago. 2002, p. 3 a 7.

Não podemos aceitar essa idéia de que a criação científica deve ocorrer apenas nos países desenvolvidos, pois isso nos levaria a abdicar do nosso projeto de fazer deste País uma nação soberana e respeitada. Trata-se de uma questão de soberania nacional.

- **Pergunta nº 2:** Meta de aplicação de recursos (públicos e privados) em P&D, como proporção do PIB: áreas a serem priorizadas

Luiz Inácio Lula da Silva: Hoje, o Brasil dedica menos de 1% do PIB à Ciência e à Tecnologia, enquanto os outros países aplicam o dobro ou o triplo dessa porcentagem. A integração entre inovação tecnológica e o processo de produção é quase inexistente. Assim, fica muito difícil você competir no Mercado internacional, no qual os produtos de maior valor são os que incorporam tecnologias de última geração. Portanto, achamos que é fundamental e urgente valorizar os chamados centros de excelência em pesquisa, que têm especialistas da mais alta competência e muito competitivos internacionalmente. Mas é preciso também articular a política de Ciência e Tecnologia com a questão educacional, porque está provado que investir só na parte técnica não dá bom resultado.

- **Pergunta nº 3:** Regionalização das ações de C&T: iniciativas para reduzir as desigualdades regionais a partir de investimentos em C&T e Inovação

Luiz Inácio Lula da Silva: Nossas propostas para o setor de C&T prevêem apoiar experiências locais e regionais que já vêm sendo implementadas e demonstraram significativa importância. Dentro dessa perspectiva, consideramos fundamental recuperar e consolidar, estrutural e politicamente, o Sistema Federal de Ciência e Tecnologia em consonância com os estados e definir um programa nacional de inovação articulado com os contextos locais. O papel desse Sistema será o de estimular os programas já existentes, mas que não têm recebido o devido apoio, e coordenar novas ações para fortalecer a Ciência e Tecnologia.

Pretendemos, ainda, buscar a participação da comunidade científica e tecnológica, de entidades representativas, administrações locais e organizações da sociedade civil e de comunidades nas discussões e na construção de uma política científica e tecnológica.

■ **Pergunta nº 4:** Manutenção de instrumentos de financiamento à pesquisa e à inovação, como, por exemplo, os Fundos Setoriais

Luiz Inácio Lula da Silva: Os Fundos Setoriais são financiados pela iniciativa privada. Os recursos vêm das taxas que a iniciativa privada repassa ao Estado pelo direito de explorar serviços do setor elétrico, de telecomunicações, petróleo, entre outros, ou seja, os recursos dos Fundos Setoriais que financiam os investimentos em Ciência e Tecnologia não disputam com outros recursos orçamentários e, por isso, são bem vindos. Em nosso governo, estudaremos também outras formas, baseadas em mecanismos desse tipo, de aumentar os recursos para o setor.

■ **Pergunta nº 5:** O projeto de Lei da Inovação estabelece medidas de incentivo à pesquisa e à inovação e cria mecanismos de gestão aplicáveis às instituições científicas e tecnológicas na sua relação com as empresas. Quais outros mecanismos poderiam ser propostos no sentido de promover a inovação como estratégia de aumento da competitividade do setor produtivo brasileiro?

Luiz Inácio Lula da Silva: Há uma necessidade evidente de se ter uma política industrial, de desenvolvimento, articulada com a de C&T. Mas esse setor não se restringe à questão da produção e da produtividade econômicas, como querem os neoliberais. É importante uma articulação da política de C&T com a questão educacional mais ampla, em todos os níveis, já que cultura, ciência e educação caminham juntas. No Brasil, os cientistas introduzem inovações, mas não patenteiam essa tecnologia, nem transmitem esse conhecimento para as empresas. Realmente falta uma política de C&T mais moderna, desenvolvida.

Centros de excelência como o ITA e o INPE também têm de ser valorizados. São institutos que possuem técnicos da mais alta competência e que são muito competitivos no Mercado internacional. Acho que devemos dar suporte a esses institutos, porque, hoje em dia, a capacidade humana e a qualificação tecnológica são as maiores riquezas que um país pode ter. Sem esses técnicos nós não podemos nem absorver as inovações tecnológicas nem adaptá-las às nossas necessidades específicas.

■ **Pergunta nº 6:** Papel do Centro de Gestão e Estudos Estratégicos (CGEE), órgão de assessoramento do MCT criado em setembro de 2001 como um dos resultados da Conferência Nacional de CT&I

Luiz Inácio Lula da Silva: A idéia desse órgão é inovadora e esse é um assunto que precisamos de estudar melhor.

Respostas
Fórum *Brasil em Questão*

Parte II

José Serra

José Maria de Almeida

Rui Costa Pimenta

Respostas

José Serra

■ **Pergunta nº 1:** Sua proposta de governo prevê a estruturação de "(...) pelo menos 100 grandes projetos mobilizadores e estratégicos entre universidades e empresas, na forma de consórcios pré-competitivos, redes e novos arranjos institucionais de suporte à competitividade", como forma de fomentar uma política consistente de apoio à ciência, tecnologia e inovação. O senhor poderia explicar quais seriam os dez principais projetos e em que consistiriam os consórcios, redes e arranjos institucionais a eles associados?

José Serra: Além de um ambiente macroeconômico estável, a segunda problemática central para o ambiente de inovação diz respeito à interação universidade empresa. Esse é um aspecto tão central que foi criado um Fundo de Interação Universidade-Empresa para o Desenvolvimento Científico e Tecnológico, muito mais conhecido como Fundo Verde-Amarelo, o qual também permite incentivar diretamente o capital de risco.

A relevância desse tema levou a Conferência Nacional de Ciência, Tecnologia e Inovação a debater o tema específico dos desafios institucionais da C&T no Brasil, ou seja, os gargalos institucionais. Em síntese, a necessidade de reformas e de políticas

José Serra é candidato à Presidência da República pela Coligação "Grande Aliança" (PSDB / PMDB).

voltadas a consolidar um sistema nacional de inovação, especialmente focalizando a ação governamental no fortalecimento das interfaces entre setor público e setor privado. A Lei da Inovação, a ser examinada pelo Congresso Nacional, foca a sua atenção nas mudanças institucionais importantes, no sentido de maior agilidade e flexibilidade das instituições de pesquisa públicas, abrindo novas oportunidades de cooperação com o setor privado.

Quem analisa o atraso institucional e as enormes desvantagens que o sistema de C&T nacional tem em relação a seus congêneres internacionais sabe que esse não é um tema banal. Há que ter clareza que avanços reais nessa área pressupõem enorme capacidade de diálogo com todos os envolvidos. Política Nacional afirmativa para o setor requer consenso dos principais atores, consenso que deve transcender as distintas percepções, visões e temporalidades dos diversos atores que interagem para definir as prioridades do sistema de C&T.

É preciso aqui aprender com a experiência internacional. Em muitos países, as políticas de incentivo à inovação dão ênfase, além do comprometimento com o financiamento público, a uma série de incentivos para a colaboração entre empresas, entre Universidade e empresas, com foco na colaboração público–privado, na formação de redes, na mobilidade de pesquisadores e na flexibilidade institucional. Esses são imperativos da estruturação de efetivos sistemas nacionais de inovação.

O Fundo Verde-Amarelo abre imenso espaço de experimentação nessa direção. A Lei da Inovação permitirá ir além, também em termos de novos arranjos institucionais. Os fundos setoriais (CTEnerg, CTPetro, CTAgro, Funttel, CTInfo, etc.) assim como a MP 66 de Incentivos Fiscais, de modo geral, ampliam o leque de instrumentos que poderão ser utilizados. Mas, já há exemplos concretos a seguir. Um exemplo do que se pode esperar da colaboração Universidade–Empresa na montagem de Projetos Mobilizadores é o Projeto Genolyptus, lançado em 2001. São 12 empresas, 7 Universidades e 3 centros da Embrapa. É uma rede que seria impossível de ser feita apenas com um ou outro ator. É uma das maiores redes de pesquisa sobre eucalipto no mundo. Ela pressupõe mobilizar toda a competência existente – Universidades, empresas e institutos de pesquisa – para aumentar a competitividade da indústria.

O depoimento das lideranças empresariais do setor de papel e celulose é mais do que ilustrativo sobre o que o governo pode e deve fazer. As lideranças do setor privado que participam desse empreendimento são unânimes em afirmar: seria impossível a eles configurarem sozinhos essa rede. Não é um problema de recursos. A dimensão de articulação de tantos atores e o efetivo início de uma colaboração, antes inexistente, entre as próprias empresas, gera uma externalidade que nenhum ator privado teria condições de levar a cabo. O governo aqui faz diferença para as empresas. Aloca recursos para criar uma base de conhecimento fundamental para a competitividade do setor. Essa é a melhor definição de economia do conhecimento.

Ênfase em projetos mobilizadores e estratégicos

No plano internacional existem centenas de casos. Somente na área da Internet temos os *test-beds* que cortam toda Europa e EUA/Canadá, como: Renater, PSNC, DFN, ATRIUM, GEANT,CANET etc. Essa experiência internacional e mesmo nacional mostra o enorme potencial de projetos dessa natureza. O Pró-álcool é um exemplo do passado de mobilização público-privada semelhante. Novos exemplos são: a fruticultura irrigada (uvas sem sementes, produção integrada, etc.); a pecuária de corte (rastreabilidade); a introdução de algodão colorido e/ou transgênico; a introdução de novos materiais na siderurgia e no setor automotivo; a produção de vacinas (tuberculose, por exemplo); a aplicação de nanotecnologia em processos de catálise na petroquímica ou na produção de biossensores para indústria alimentar, a produção de biocombustíveis, a aplicação da genômica na melhoria de cultivos ou busca de soluções para pragas agrícolas, a pesquisa da malária, o aproveitamento da biodiversidade amazônica, célula combustível, etc.

Essas são áreas em que a parceria universidade–empresa já existe, porém de forma limitada e pode ser bastante ampliada, pois essa cooperação é o principal fator cultural limitador do processo de integração e formação dos consórcios.

Todos esses projetos, portanto, devem ser estimulados a serem estruturantes e mobilizadores, assim como já está nascendo mais um o Projeto GIGA –TIDIA semelhante aos casos europeus já citados e que envolverá operadoras de telecomunicações, fornecedores e centros de pesquisas.

▪ **Pergunta nº 2:** Sua proposta de governo afirma a necessidade de "(...) incentivar o desenvolvimento das localidades mais pobres e promover a integração das regiões Norte e Nordeste ao desenvolvimento nacional". Quais medidas efetivas serão tomadas para que isso ocorra, além da já anunciada recriação da SUDENE?

José Serra: Em relação ao Nordeste, teremos seis ações prioritárias, cujos principais objetivos são a melhoria da qualidade de vida, o aumento da competitividade e a geração de mais empregos na região. São elas: a construção da Ferrovia Transnordestina; a criação da Rodovia Atlântica do Nordeste, com a duplicação da BR–101; o investimento médio anual superior a R$ 850 milhões em obras de saneamento; a ampliação do turismo, com a implantação do Prodetur Nordeste II; a revitalização do Rio São Francisco e adoção de uma política de gestão de recursos hídricos que leve em conta a questão ambiental; e a expansão da agricultura irrigada.

Tudo isto é necessário para dar infra-estrutura ao Nordeste. Nos últimos anos, a região tornou-se fortemente atrativa de investimentos em vários setores industriais, com destaque para os intensivos em mão-de-obra – calçados, alimentos, confecção e têxtil. Meu governo buscará o fortalecimento e a integração das diferentes etapas da cadeia produtiva, o que permitirá agilizar os fluxos de distribuição de matérias-primas e bens finais, além de facilitar a melhoria da qualidade dos produtos. A estratégia será reforçada por uma política de incentivos que dará mais prioridade a setores produtivos do que a companhias isoladas, além de contemplar o fomento a consórcios produtivos de pequenas e médias empresas.

Os incentivos deverão ser concedidos buscando, preferencialmente, gerar efeitos benéficos ao longo de toda a cadeia produtiva, de modo a formar conjuntos industriais sólidos e competitivos na região nordestina. Pulverizar recursos no apoio a negócios desconexos seria a repetição de erros do passado. Por isso, a ação governamental incluirá política ativa de atração de investimentos, voltada para o fortalecimento de cadeias produtivas estratégicas, a partir da ampliação da oferta de matérias-primas e serviços necessários ao desenvolvimento desses setores.

Por outro lado, como os indicadores sociais do Nordeste são extremamente insatisfatórios, é preciso uma ação forte para melhorá-los. Os números refletem baixa qualidade de vida para grande parte da população nordestina, que sequer tem acesso adequado à água. Assim, com vistas na melhoria das condições da região, meu governo implantará medidas voltadas para a redução imediata dos índices de pobreza. As ações incluem política hidroambiental para solucionar o problema da água, tanto para o consumo humano quanto para a produção agrícola; o estímulo ao empreendedorismo; e novas estratégias de convivência com o semi-árido, contemplando desde o fomento à pesquisa voltada para esse ecossistema até o aumento da produtividade das atividades econômicas já desenvolvidas ali.

Em relação à Região Norte, criarei um organismo equivalente a um ministério para substituir a extinta SUDAM. Este organismo coordenará os incentivos fiscais, os investimentos públicos, os financiamentos externos e internos (Banco da Amazônia), os projetos agrícolas, industriais e de turismo. A ele caberá a tarefa de formular política de desenvolvimento sustentável para a região, que seja compatível com a preservação ambiental e leve em conta os anseios da população local e os planos elaborados pelos governos estaduais. A Amazônia que desejamos é uma Amazônia produtora, que utilize seu potencial para acelerar o crescimento dos estados e criar muito mais empregos para seus habitantes. Só assim será possível diminuir as enormes diferenças sociais e econômicas entre a Amazônia e as regiões mais ricas do País.

Qualquer programa de atuação na Amazônia deve ainda considerar o fato de que as políticas de desenvolvimento aplicadas à região nas últimas décadas transformaram radicalmente o cenário socioeconômico e redefiniram sua importância no cenário nacional e internacional. Existe hoje no País a consciência de que, nesse processo, criaram-se problemas sociais e ambientais de enorme envergadura.

A resolução desses problemas e a implantação de formas de desenvolvimento menos agressivas ao meio ambiente e menos injustas socialmente exigem recursos humanos altamente qualificados. Essa capacitação não pode seguir os mesmos moldes daqueles que promoveram o desenvolvimento no Sudeste e Sul do País. São essas novas condições e essa premência que estabelecem a necessidade de um esforço muito mais concentrado. O marco mais geral de todas as colocações diz respeito à utilização de recursos naturais, incluindo:

1. o desenvolvimento do conhecimento sobre o ecossistema amazônico e de sua influência sobre as demais regiões, especialmente em termos climáticos;
2. o desenvolvimento de novas tecnologias que permitam superar os padrões destrutivos de exploração dos recursos naturais, aumentando a produtividade da ação econômica e contribuindo para a elevação do nível de vida da população;
3. a análise dos efeitos das diferentes formas de ocupação humana e de exploração dos recursos naturais, especialmente em termos de sua capacidade de promover danos irreversíveis ao ambiente e, inversamente, da possibilidade de implantação de sistemas auto-sustentados de produção;
4. análise das condições de saúde da população e das pesquisas sobre as principais endemias em sua relação com as condições socioeconômicas e desenvolvimento de formas de tratamento.

No âmbito de uma política integrada, é necessário dar seqüência a dois projetos inovadores já em curso e que são capazes de gerar impactos extremamente positivos:

1. O Programa Brasileiro de Ecologia Molecular para o Uso Sustentável da Biodiversidade da Amazônia – PROBEM/ Amazônia. Esse programa visa a implantar um Pólo de bioindústrias na região e contribuir para a diversificação da estrutura produtiva da Zona Franca de Manaus.
2. O Programa de Desenvolvimento do Ecoturismo na Amazônia – PROECOTUR. Esse programa tem, como principal objetivo, a implementação de Pólos de Ecoturismo em cada estado da região.

Devo adiantar, também, o comprometimento do meu governo em a realizar um conjunto de obras essenciais ao desenvolvimento da Amazônia, entre as quais destacam-se as seguintes:

- Conclusão da Estrada do Pacífico, BR–317 (Brasiléia a Assis Brasil): 110 km que permitirão importante ligação do Brasil com o Oceano Pacífico, passando pela fronteira com o Peru.
- Prosseguimento da pavimentação da Rodovia BR–364 (Sena Madureira a Cruzeiro do Sul): visa a melhorar a ligação de Rio Branco com o noroeste do estado, que, em razão das chuvas, fica intransitável durante metade do ano.
- Conclusão do Anel Rodoviário de Rio Branco: 16 km na BR–364 e uma ponte para facilitar o tráfego na interligação da BR–317 e BR–364.
- Conclusão da Rodovia BR–156, ligando Macapá à Guiana Francesa: 760km, importantes para a exportação e o desenvolvimento do Amapá, além de promover a integração do Brasil com os países da região norte da América do Sul.
- Conclusão da Rodovia BR–401, que liga Boa Vista a Bonfim, na fronteira com a Guiana: envolverá a construção da ponte binacional sobre o rio Itacuru e facilitará o acesso ao platô das Guianas.

- Viabilização da Exploração do Gás de Urucu: fornecerá a Manaus e Porto Velho cinco milhões de m^3/dia de gás natural, que permitirão a geração de 900 megaWatts de energia elétrica.
- Apoio à construção do novo Porto de Manaus: construção de novo terminal de cargas e transformação do atual porto em terminal de passageiros, com enfoque turístico.
- Consolidação do Centro de Biotecnologia da Amazônia (CBA): construção e instalação de equipamentos laboratoriais, importantes para a exploração da biodiversidade da Amazônia.
- Construção da Hidrelétrica de Belo Monte: permitirá a geração de 11,2 mil magaWatts de energia que serão utilizados para garantir o abastecimento da região Nordeste.
- Pavimentação da Rodovia Transamazônica (BR–230): 1.109 km cortando a parte central do Pará, de leste a oeste, e unindo as hidrovias do Araguaia–Tocantins e do Tapajós.
- Conclusão do Porto Graneleiro e a recuperação da Rodovia BR–364: importante para reduzir o custo de transporte da soja produzida no Centro-Oeste e que se destina aos Mercados da Europa e dos Estados Unidos.
- Conclusão das rodovias de vertebração da BR–364: importante para o escoamento da produção da região ao longo da rodovia.
- Construção da Ponte sobre o Rio Madeira: 1 km de extensão sobre o Rio Madeira, na BR–319, importante pela proximidade com Porto Velho.
- Prosseguimento e conclusão da construção da Rodovia BR–364, trecho Comodoro–Sapesal–Diamantino: 370 km importantes para o eixo de transporte intermodal composto pela BR–364 Madeira–Amazonas.

■ **Pergunta nº 3:** A diversificação da matriz energética nacional é colocada, em sua proposta de governo, como um dos objetivos principais de uma política voltada para a infra-estrutura. Em que consistiria tal diversificação, tendo em vista, por exemplo, que a proposta brasileira na *Rio+10*, de atingir 10% da oferta energética com fontes alternativas, não recebeu o endosso daquela Conferência?

José Serra: O binômio da infra-estrutura para o desenvolvimento econômico e a geração de empregos é transporte e energia. No transporte, precisamos mudar a distribuição modal, reduzindo o rodoviário e aumentando o ferroviário, o dutoviário e o aquaviário. Na energia, precisamos de aumentar a geração termoelétrica, principalmente tendo o gás natural como base. A hidroeletricidade é fator de grande competitividade para o Brasil, mas, principalmente nas pontas de distribuição regional, precisamos de ter opções de geração que nos protejam das secas e nos assegurem suprimento de energia para o crescimento da produção e do emprego.

Não conseguimos ainda trazer o investimento privado para a infra-estrutura de maneira definitiva. Ferrovias, geração de energia e rodovias ainda dependem de recursos do setor público e o Mercado atacadista de energia ainda não está implantado. Sem investimento privado, não conseguiremos fazer as obras de infra-estrutura de que o Brasil precisa para crescer.

A falta de apoio da Conferência *Rio+10* à diversificação das fontes energéticas pode sinalizar dificuldades de financiamento para as opções menos poluentes no curto prazo. Mas não nos impede de incentivar o álcool como opção à gasolina e outros derivados de petróleo nem de aprofundar os estudos e preparar o caminho para a diversificação de nossa matriz energética no futuro.

Pergunta nº 4: Sua proposta de governo pretende "(...) estimular a complementaridade entre os setores público e privado, mantendo as universidades públicas como espinha dorsal do sistema de ensino superior nos campos da pesquisa e geração de conhecimento e formação de quadros de alto padrão". Quais serão as principais medidas a serem tomadas para atingir esses objetivos, considerando, especialmente, a situação de indigência financeira das Instituições de Ensino Superior, como constatado em documento da ANDIFES encaminhado aos presidenciáveis?

José Serra: Em primeiro lugar, devo fazer ressalvas ao documento da ANDIFES. Nosso sistema público federal de ensino superior é, hoje, muito melhor do que era em 1994. Não há um só indicador de desempenho do sistema (matrículas, concluintes, salários, produção científica) que mostre algum retrocesso e a maioria indica avanços. Isto não significa que não existam problemas e carências.

Nas sociedades contemporâneas, o desenvolvimento científico, tecnológico e cultural depende, em boa medida, do bom desempenho da rede institucional de educação superior. No Brasil, papel determinante tem sido historicamente cumprido pelo sistema público, que vem desenvolvendo o que há de melhor no ensino superior – tanto em nível de graduação quanto no de pós-graduação – e na formação de grupos de pesquisa pura e aplicada, em todas as áreas do conhecimento. Além disso, as Universidades Públicas brasileiras têm-se destacado também na preservação, no fomento e na disseminação da ciência, da pesquisa, da cultura, das letras e das artes.

Com os progressos recentes na educação básica brasileira, e também como reação às mudanças no Mercado de trabalho, novos grupos sociais passaram a bater às portas da Universidade. E, para atender a essa demanda socialmente justa, o ensino superior no Brasil necessita de passar por um redimensionamento. É preciso garantir a expansão da oferta de educação superior promovendo a diferenciação institucional e a diversificação dos cursos no pós-médio. A política de ensino superior deve contemplar o conjunto heterogêneo de instituições públicas e privadas e sua inserção no contexto internacional de ensino e pesquisa científica.

O setor privado teve participação significativa na absorção da demanda crescente por ensino superior nos últimos oito anos. É absolutamente necessária uma cooperação entre os setores públicos e privados na oferta de educação superior no País. Essa cooperação, aliás, já existe. Hoje, cerca de 65% das matrículas no ensino superior já são oferecidas pelas instituições privadas. Para atender à crescente demanda por educação superior a partir da resolução do gargalo no fundamental e no médio, essa cooperação deve estreitar-se. À Universidade Pública deverá caber, como sempre coube, a formação dos pesquisadores e cientistas, e, às instituições privadas, a formação de ampla gama de profissionais; ambas de acordo com que a sociedade e a economia do conhecimento requerem e continuarão a requerer. Caso a Universidade Pública absorvesse todos os estudantes, teria de abrir mão do investimento humano em pesquisa, instrumento que a diferencia das outras e garante a excelência da sua missão.

Nesse contexto, a política para o ensino superior deve manter a expansão com qualidade do sistema brasileiro, assegurada por amplo e rigoroso processo de avaliação das instituições de ensino. A aplicação dos instrumentos de avaliação como o Provão e a avaliação institucional teve efeito altamente positivo sobre a qualidade da oferta de ensino superior no Brasil. De um modo geral, os novos cursos, criados a partir da vigência dos critérios de avaliação, apresentam uma qualidade superior à de cursos de algumas escolas tradicionais. As instituições privadas têm conseguido manter e até melhorar seus indicadores de qualidade. Os resultados das sucessivas avaliações realizadas a partir de 1996 demonstram claramente uma evolução positiva da qualidade do ensino, indicada tanto pelo desempenho dos alunos nos exames nacionais, como pela melhoria dos demais indicadores da oferta.

A diversificação do sistema nacional de ensino superior é uma necessidade. Deve continuar tendo nas Universidades a espinha dorsal do sistema, para pesquisa e geração do conhecimento e promoção de ensino de alto padrão, mas deve comportar também instituições diferenciadas para o atendimento das necessidades de formação de recursos humanos das mais variadas características de um Mercado de trabalho em permanente mutação.

Pergunta nº 5: Aprovar novo marco jurídico do setor de saneamento é, de acordo com sua proposta de governo para as áreas da saúde e saneamento básico, essencial para definir a participação dos municípios e estados na titularidade da concessão dos serviços. Em que consistiria e como seria definido esse novo marco jurídico, quando se sabe, por um lado, que é pelo acesso gratuito à água tratada que se salvam muitas vidas no Brasil e, por outro, que é a água contaminada responsável pelo alto índice de mortalidade, especialmente na primeira infância?

José Serra: Saneamento, mais do que saúde, é vida. Quando estive à frente do Ministério da Saúde, pude constatar a quantidade de pessoas que adoecem e/ou morrem por doenças evitáveis por ações de melhorias das condições de saneamento básico. Aumentei em nove vezes os recursos aplicados, a fundo perdido, nesta área. Em 1997, ano anterior à minha posse, foram aplicados R$ 158,0 milhões. No ano passado, atingimos R$ 1.413,0 milhões.

Mas não bastava apenas aumentar os recursos para expansão dos serviços. Estabeleci, também, o que há mais avançado no mundo em termos de legislação, procedimentos e responsabilidades relativos ao controle e vigilância da qualidade da água para consumo humano e seu padrão de potabilidade.

Com relação ao marco jurídico regulatório do setor saneamento, considero de fundamental importância a sua definição para o setor. Aliás, eu mesmo, como Ministro do Planejamento, elaborei o primeiro Projeto de Lei sobre o assunto, que ainda está em tramitação no Congresso Nacional. Uma questão básica será a definição de competências quanto ao poder concedente no abastecimento de água e nos serviços de coleta e tratamento de esgotos. A Constituição não estabelece com clareza essa competência e a falta de consenso a respeito impediu a sua aprovação pelos deputados e senadores.

Este marco regulatório terá de ter como finalidade a universalização dos serviços e conterá necessariamente no seu bojo uma Política Nacional e as diretrizes nacionais para a prestação, regulação e a fiscalização do serviço público de saneamento. A partir de seu estabelecimento, e também da recuperação financeira dos agentes públicos que atuam no setor, certamente os investimentos em saneamento serão retomados, atingindo os níveis compatíveis com as necessidades do País.

No meu governo, agilizarei a discussão e a tramitação no âmbito do Congresso Nacional, com a participação de todos os setores envolvidos, incluindo a sociedade organizada.

■ **Pergunta nº 6:** De acordo com sua proposta de governo, o senhor pretende prosseguir nas negociações da ALCA, adotando postura cautelosa e guiando-se pelo interesse nacional. O senhor poderia explicar mais detalhadamente como isso ocorreria?

José Serra: O Mercado mundial é realidade objetiva, e a construção de sistemas de regulação multilaterais é uma palavra de ordem de todos os governos democráticos do pós-guerra. O multilateralismo e o livre comércio são bandeiras diplomáticas de todos os países. Na prática, porém, os países desenvolvidos continuam a manter sistemas de proteção e subsídios que impedem o avanço comercial dos demais países. Para o Brasil, o importante é abrir espaços para nossa produção nos acordos multilaterais e também nos bilaterais.

Na ALCA, temos de colocar nossa pauta setorial, como fazem os demais países. Negociar as oportunidades de acesso ao grande Mercado americano em cada setor e valorizar os interesses das empresas norte-americanas nas concessões reivindicadas por eles. A ALCA ainda é apenas um projeto, uma agenda, mas não podemos negá-la por princípio, sob pena de isolacionismo ideológico. Mas jamais haveremos de assiná-la, se os benefícios para o Brasil não forem compensadores. Não podemos abrir nossa economia no âmbito do hemisfério além do que podemos fazê-lo em nível mundial, se nossos pleitos não forem atendidos no bojo das negociações da ALCA.

RESPOSTAS ÀS QUESTÕES DE C&T*

▪ **Pergunta nº 1:** Inovação tecnológica e competitividade das empresas brasileiras

José Serra: A inovação é o motor da competitividade em qualquer empresa de hoje. Mais ainda em nosso caso, em que a sobrevivência em um Mercado aberto e competitivo deve ser cada vez mais dependente da capacidade de inovação. Várias ações já estão em curso, notadamente os Fundos Setoriais e o Projeto da Lei da Inovação. Mas devemos ir além e favorecer a inovação a florescer dentro do próprio processo produtivo, dentro da própria empresa, em que os desafios estão e onde é mais rápida a sua apropriação.

▪ **Pergunta nº 2:** Meta de aplicação de recursos (públicos e privados) em P&D, como proporção do PIB: áreas a serem priorizadas

José Serra: Espera-se chegar a um investimento público e privado de 1,36% do PIB, em 2006, o que possibilitará chegarmos a 2% do PIB, em 2012. Entre as várias áreas, vale destaque especial à biotecnologia, por seus impactos sobre a saúde e a agricultura, além de toda a capacidade já desenvolvida.

▪ **Pergunta nº 3:** Regionalização das ações de C&T: iniciativas para reduzir as desigualdades regionais a partir de investimentos em C&T e Inovação.

* As propostas para C&T aqui apresentadas foram editadas do conjunto de entrevistas feitas pela ABIPTI – Associação Brasileira das Instituições de Pesquisa Tecnológica, primeiramente publicadas no Informativo *Gestão C&T – Informação e Comunicação para os Sistemas Estaduais de C&T*, Centro ABIPTI de Informação Tecnológica, ano 2, número 23, ago. 2002, p. 3 a 7.

José Serra: O modelo de repasse de recursos para a execução estadual deve ser reafirmado, sempre em grande sintonia com as políticas do MCT, considerado seu caráter nacional. A heterogeneidade do País é realidade que se coloca em todos os campos da vida nacional. Na CT&I, a construção de unidades de excelência, com enfoque regional, coloca-se como primordial. Por outro lado, a capacitação e a difusão da tecnologia serão os motores da viabilização da apropriação dos avanços por todos os brasileiros. A valorização da difusão é o grande elemento viabilizador da evolução da capacidade regional no desenvolvimento científico e tecnológico.

- **Pergunta nº 4:** Manutenção de instrumentos de financiamento à pesquisa e à inovação, como, por exemplo, os Fundos Setoriais.

José Serra: Os recursos para CT&I serão preservados entre os recursos orçamentários, considerando que as linhas de pesquisa necessitam de continuidade, ao menos no médio prazo.

- **Pergunta nº 5:** O projeto de Lei da Inovação estabelece medidas de incentivo à pesquisa e à inovação e cria mecanismos de gestão aplicáveis às instituições científicas e tecnológicas na sua relação com as empresas. Quais outros mecanismos poderiam ser propostos no sentido de promover a inovação como estratégia de aumento da competitividade do setor produtivo brasileiro?

José Serra: Em si, a Lei da Inovação é crucial, mas ela será complementada com ações efetivas. Serão mobilizadas as competências empresariais e acadêmicas para criar condições estruturais de competitividade. Além da articulação entre empresas e entre Universidades e empresas, o governo investirá na infra-estrutura tecnológica de suporte à competitividade. Serão realizados investimentos nas tecnologias industriais básicas (TIB), compreendendo ações nos campos de metrologia, normalização, avaliação de conformidade, tecnologias de gestão, informação tecnológica e propriedade intelectual. Atenção especial será dada ao capital de risco, forma de financiamento especialmente adequada para pequenas e médias empresas de base tecnológica.

Embora muitas das precondições para o florescimento da atividade de capital de risco estejam presentes no Brasil, falta estrutura institucional abrangente e coerente, capaz de unir os agentes que desejam participar desse Mercado. Para criar essa base, será mobilizada a FINEP, o BNDES e a CVM, ampliando as ações dos Projetos Inovar e do BNDESPAR, bem como as iniciativas já em curso no próprio Mercado acionário, a exemplo do Novo Mercado.

▪ **Pergunta nº 6:** Papel do Centro de Gestão e Estudos Estratégicos (CGEE), órgão de assessoramento do MCT criado em setembro de 2001 como um dos resultados da Conferência Nacional de CT&I.

José Serra: O Centro é muito mais que um órgão de assessoramento. Sua missão é viabilizar a parceria e alavancar o desenvolvimento em C&T, unindo esforços de várias entidades públicas e privadas, identificando gargalos e incentivando a difusão da tecnologia. Além disso, ele deve promover e realizar atividades de avaliação de estratégias e de impactos econômicos e sociais das políticas, dos programas e dos projetos científicos e tecnológicos.

Respostas

José Maria de Almeida

Pergunta nº 1: Em sua proposta de governo, o senhor declara o compromisso de não deixar trabalhador algum sem emprego em nosso País. Quais as medidas a serem tomadas para tornar isso uma realidade? Como o senhor pretende, ainda, estimular a ampliação do Mercado formal de trabalho?

José Maria de Almeida: A crise chegou ao Brasil. Seja qual for o presidente, é muito provável que ocorra explosão econômica semelhante à da Argentina nos próximos meses. Na propaganda eleitoral, no entanto, os candidatos majoritários prometem o paraíso, bastando que se vote em um deles. Prometem 8 ou 10 milhões de empregos, mesmo sabendo que, com a manutenção do modelo o que vai ocorrer é o aumento do desemprego.

É hora de dizer a verdade aos trabalhadores e aos jovens. É hora de encarar com seriedade opção anticapitalista para enfrentar esta crise.

Até hoje todas as saídas para enfrentar a crise têm sido a partir da mesma lógica: como preservar os interesses das grandes empresas à custa dos salários e dos empregos dos trabalhadores.

José Maria de Almeida é candidato à Presidência da República pelo PSTU.

A idéia central é atrair os grandes investidores, como assegurar seus lucros, de tal maneira a que eles queiram "seguir investindo". Com esta lógica, não nos admira como os programas econômicos estejam tão parecidos. Sempre defendem a manutenção das relações com o FMI, a estabilidade fiscal e, em essência, a continuidade do programa econômico atual.

Por este motivo, a primeira medida para enfrentar esta situação seria aplicar o resultado do plebiscito realizado em setembro pela CNBB e pelo movimento sindical, estudantil e popular, em que mais de 10 milhões de pessoas se posicionaram pela ruptura das negociações da ALCA. Da mesma forma, o plebiscito realizado em 2000 pelas mesmas forças determinou o não-pagamento da dívida externa e a ruptura com o FMI. Estas são, ao nosso ver, os elementos centrais para encarar nova opção para o País. Sem isso, não existe maneira alguma de avançar.

A candidatura de Serra é assumidamente a continuidade do atual plano econômico. Ciro Gomes fala contra o atual modelo, mas foi um dos seus artífices como Ministro da Fazenda. Além disso, apoiou o atual acordo com o FMI, que balizará a política econômica do próximo governo. Garotinho posa de oposição somente como manobra eleitoral para crescer nas pesquisas, junto com um populismo grosseiro e da manipulação religiosa. Era um dos governos mais alinhados com FHC; sua ruptura com o PDT foi em acordo com o governo federal. Caso cresça nas pesquisas, voltará ao leito habitual do plano neoliberal.

O PT poderia ser opção ao modelo econômico atual, ao neoliberalismo. No entanto, Lula também apoiou o acordo com o FMI. Isso por si só já define um possível governo petista, como mais um dentro do plano neoliberal. Ou alguém acredita em Papai Noel com o FMI aceitando governo antineoliberal? A aceitação do *superavit* primário, da continuidade do pagamento da dívida interna e da externa condicionam todo o governo Lula e desmentem todas as promessas de melhorias sociais. Essas promessas passam a ser somente isso: mais promessas semelhantes às de Serra, Ciro e Garotinho.

O programa de governo de Serra e o de Ciro, assim como de Lula, fazem claramente uma opção: a de que a solução de todos os problemas sociais do País está no crescimento econômico. No entanto, o crescimento, dentro da economia capitalista, não assegura absolutamente nada. O padrão de acumulação capitalista, imposto pelas grandes empresas imperialistas (e que nenhum deles, nem Lula, se dispõe a mudar), significa mais desemprego e menores salários mesmo em períodos de crescimento.

Para mudar a situação social é preciso romper com o atual modelo. Para conseguir recursos para os programas sociais é necessário tirar das grandes empresas. Por isso, apresentamos uma série de medidas que demonstram como, rompendo com o imperialismo, poderíamos levantar os recursos, não só para garantir condições dignas de vida e trabalho para a população, mas também para impulsionar verdadeiro crescimento econômico e cultural do País.

Este programa parte da ruptura com a ALCA e com o FMI e do não-pagamento da dívida externa. Sem isso, não existe possibilidade alguma de resolução dos problemas sociais deste país.

O pagamento destas dívidas impõe enorme sangria das riquezas do País e do fruto do trabalho de milhões de trabalhadores. O primeiro governo FHC (1995–1998) pagou 128 bilhões de Dólares de juros, encargos e amortizações só com a dívida externa. Deve terminar o segundo mandato tendo pagado 348 bilhões de Dólares para os banqueiros internacionais.

A dívida interna é outro desastre, talvez ainda maior. Em janeiro de 1995, na posse de FHC, era de 153 bilhões de Reais, 30,4% do PIB na época. Em setembro de 2002, já alcançou 809 bilhões de Reais, 61,9% do PIB, correspondente a 260 bilhões de Dólares. Pode chegar até o fim do ano a 70% do PIB.

A combinação entre a dívida interna e externa é altamente explosiva. Basta dizer que, em 2001, foram gastos no pagamento de juros, encargos e amortizações da dívida pública, interna e externa, 142 bilhões de Reais. Isto significa mais de cinco vezes o que foi gasto em saúde, quase oito vezes o que foi gasto em educação em 2001. Estes 142 bilhões de Reais destinados ao pagamento da dívida pública correspondem a cerca de 70% de tudo o que o governo arrecadou com impostos e contribuições sociais em 2001: 197 bilhões de Reais.

Os números do orçamento demonstram a grande mentira dos que afirmam que "o Estado gasta muito e deve ser diminuído". Considerando somente o que gasta – com os salários do funcionalismo, despesas gerais, investimentos, ou seja, tudo o que gasta, menos os juros da dívida interna – e o que recebe com os impostos, o governo tem lucro, ou seja, um *superavit*, que é chamado "*superavit* primário".

O governo diminui os gastos em educação, saúde, transporte, etc., para conseguir *superavit* primário nas contas públicas, para pagar os grandes banqueiros. O acordo com o FMI, aplaudido por Serra, Ciro e Lula, prevê *superavit* mínimo de 3,75%, mas já se fala em 5 ou 6%, "para enfrentar a crise".

Aqui se revela o centro do problema: onde se testam os programas? Como dizíamos acima, não se pode propor resolver os problemas sociais sem romper com este mecanismo infernal da dívida interna e da externa. Todos os partidos burgueses, assim como o PT, apresentam seus programas sabendo disso, mas, mesmo assim, conscientemente, apresentam a farsa de uma mudança social mantendo o pagamento das dívidas.

O FMI controla cotidianamente a condução da economia do País, determinando o que se pode e o que não se pode fazer. Os “acordos” com o FMI retiram grande parte da soberania do País. Caso a ALCA venha a ser imposta, já não restará soberania alguma e voltaremos a ser uma colônia, agora dos EUA.

É preciso ter a ousadia política para romper com o pagamento das dívidas, o que significa romper com o FMI e suas imposições. Romper com as negociações da ALCA, para evitar a recolonização completa do País. Isso é absolutamente imprescindível para avançar em qualquer plano sério para mudar o País. Mas isto é o oposto do que propõe um possível governo do PT.

O PT apoiou o último acordo do governo FHC com o FMI, aceitando desde já o modelo neoliberal e as regras draconianas de um *superavit* fiscal mínimo de 3,75. Em um jantar, com representantes da Confederação Nacional das Indústrias (CNI), afirmou que: “Não é contra a ALCA, pois isso seria como ser contra o livre comércio.”. O programa econômico oficial, apresentado por Lula, afirma ser contra a ALCA como está sendo apresentada hoje, em função das medidas protecionistas extra-alfandegárias, como a sobretaxa do aço, etc. Isso significa que, caso estas medidas sejam negociadas pelo imperialismo, um possível governo Lula pode assinar o acordo da ALCA, mesmo com o resultado incontestável do plebiscito de setembro.

Defendemos plano de emergência para enfrentar os gravíssimos problemas econômicos e sociais do País. Ao contrário dos outros partidos, nós dizemos de onde poderia sair o dinheiro para começar a resolver os problemas sociais do país: sairia dos bolsos dos banqueiros internacionais e nacionais pelo não-pagamento a eles da dívida externa e da interna.

Pensemos um plano de emergência de dois anos, que enfrente alguns dos gravíssimos problemas sociais, impossíveis de serem solucionados no atual modelo econômico, como o desemprego, a questão agrária, o *deficit* habitacional, os enormes problemas de Saúde e Educação. Tomemos como referência o dinheiro gasto no serviço destas dívidas em 2001 (142 bilhões de Reais) e pensemos em utilizar este dinheiro por dois anos para atacar estes problemas sociais.

Em dois anos, com estes 284 bilhões de Reais, poderemos financiar um Plano de Obras Públicas Populares para a solução do *deficit* habitacional no País, que construiria as 5,4 milhões de casas populares que faltam, ao custo médio de 15 mil Reais cada (custo total de 81 bilhões de Reais). Este plano de obras empregaria os milhões de desempregados hoje existentes em um mutirão nacional para a construção de casas populares. Aplicaríamos outros 90 bilhões de Reais neste plano para obras públicas de saneamento, como a instalação de rede de água e esgotos em bairros populares; construção de escolas e hospitais; obras contra a seca no Nordeste; ferrovias e obras de transporte urbano como o metrô e os trens urbanos.

Quem pagaria a conta desta vez não seria os trabalhadores, mas os grandes banqueiros. O plano seria financiado pelo dinheiro do não-pagamento da dívida interna e da externa. O núcleo central do plano, com as casas populares, custaria em torno de 81 bilhões de Reais a preços de hoje. O direito ao trabalho é um direito mínimo em uma sociedade capitalista, é o direito a ser explorado. E mesmo este direito hoje é negado a um número crescente de trabalhadores.

O dinheiro que não seria pago da dívida externa e da interna também daria para financiar o assentamento, em terras desapropriadas dos latifundiários, das 4,5 milhões de famílias sem-terra do País, com um crédito de 30 mil Reais a cada uma

(135 bilhões de Reais). Ainda como parte do mesmo dinheiro, dobraríamos as verbas para a educação (17,9 bilhões a mais) e saúde (27,9 bilhões a mais) nestes dois anos.

Este seria o núcleo de um plano econômico imediato, que teria o caráter inédito de atacar o lucro das grandes empresas internacionais e nacionais e solucionar problemas sociais tão sérios como o desemprego, a habitação, a questão agrária, além de dar salto na educação e saúde.

Dá para resolver os problemas sociais do País? É lógico que sim, desde que tenhamos a disposição de enfrentar as grandes empresas com um plano econômico antiimperialista e anticapitalista, em ruptura clara e consciente com o rumo que até agora vem sendo imposto ao Brasil.

O PSDB, PMDB, PPS, PSB e até o PT, junto com a grande imprensa, dizem que não é possível promover esta ruptura. Eles se apóiam em dois argumentos principais. O primeiro é "quem deve tem de pagar". Tentam comparar com a honesta posição de um operário que paga, com toda a seriedade, o financiamento de uma geladeira, mesmo com todas as dificuldades, para "não ficar com o nome sujo na praça".

No entanto, aqui a situação é inversa: não tivemos benefícios (as nossas "geladeiras") com a dívida, ou seja, esta dívida não tem legitimidade alguma. Enquanto ela aumentava, os salários e os empregos dos trabalhadores diminuíam e a estrutura produtiva do País não crescia.

Além disso, já pagamos a dívida diversas vezes. Somente o governo FHC, em seus dois mandatos, como vimos, deve pagar 348 bilhões de Dólares de juros e amortizações da dívida externa, ou seja, mais duas vezes o montante da dívida no início de seu governo (148 bilhões de Dólares). Em relação à dívida interna, já vimos como foram pagos somente de juros 506 bilhões de Reais no governo FHC, ou seja, mais de três vezes a dívida interna existente na sua posse.

O segundo grande argumento dos que defendem a continuidade do pagamento é que uma ruptura nos levaria ao caos, pelo fim dos financiamentos externos para a produção e fechamento do Mercado internacional. O calote no pagamento da dívida seria acabar com a estabilidade existente. A direção do PT fala mais ou menos a mesma coisa, colocando-se também na defesa da "estabilidade".

Mas, o caos não virá com possível ruptura. O caos já existe hoje, nas situações de barbárie do cotidiano das grandes cidades: crianças garimpando seu almoço nos lixões, o desespero de milhões de desempregados, a violência tomando conta das cidades. Pior ainda, a continuidade do plano neoliberal defendida por FHC–Serra vai levar o País a uma explosão da economia como na Argentina. Não foi a vitória de um governo de oposição que levou à crise desse país, como FHC afirma, mas o fato de que o governo De la Rua seguiu aplicando o mesmo plano neoliberal dos governos anteriores.

Se vier a ALCA, defendida em primeiro lugar pelo governo, ou houver uma explosão econômica como na Argentina, a situação vai-se agravar qualitativamente, ou seja, a ruptura é o melhor caminho, entre outras coisas porque abriria a possibilidade de evitar o caos que a burguesia está impondo ao País.

Por isso, não é possível evitar o calote. É preciso optar qual o calote deve ser feito. Até hoje FHC vem dando um calote na Constituição, ao impor salário mínimo equivalente a 26,79% do que está definido constitucionalmente. Existe um calote social de enorme crueldade, que sacrifica a vida, a educação e a saúde de milhões de pobres e miseráveis para garantir que não haja um calote aos banqueiros.

Não é verdade que uma ruptura impediria a vinda de investimentos externos produtivos. Estes investimentos, em essência, já não existem hoje. A maioria do capital que chega ao País vem financiar o pagamento da dívida externa e interna, ou seja, só serve para realimentar a ciranda das dívidas. A outra parte vem para as privatizações das empresas públicas ou compra das empresas privadas nacionais, sem aporte real algum à produção.

Nas contas externas, o item contas correntes reflete as relações do País com o resto do mundo: se é positivo, significa que o País está recebendo mais recursos do que está enviando ao Exterior, e se é negativo (como é o caso brasileiro), isto quer dizer que o País está enviando mais capital para o Exterior do que recebe. Na década de 80, o País "exportou" 42 bilhões de Dólares, a mais do que tudo o que entrou. Na década de 90, este processo de sangria se acelerou: 155,7 bilhões de Dólares saíram do País, a mais do que tudo o que se recebe.

Os propagandistas do *status quo* dirão, mais uma vez, que estas propostas são utópicas, irrealistas. Como último argumento, dizem que o governo dos EUA invadiu o Brasil e não teríamos condições de reagir. Eles defendem a manutenção da situação atual, com os mesmos argumentos dos que dizem que não se pode fazer uma greve porque a burguesia tem a polícia e o exército ao seu lado. Ou os mesmos argumentos dos que diziam que era impossível a derrubada da ditadura militar ou a queda de Collor. Nós responderemos que não existem mudanças profundas sem rupturas, que não existiria a Revolução Cubana e nenhuma revolução, se se aceitasse esta postura conformista. A ruptura de um país como o Brasil provocaria mudança na situação da luta de classes em todo o continente latino-americano. Onda de simpatia generalizar-se-ia pelas massas do continente, ainda mais neste ambiente anti-norte-americano que está se gerando com a administração Bush.

As lutas que existem hoje, como na Argentina, seriam reforçadas. Poderíamos ir a um processo conjunto com outros países, de ruptura com o imperialismo, abrindo novas possibilidades políticas e econômicas.

E, por fim, utópica é a proposta de melhoria da situação social de nosso povo sem ruptura com este modelo. Aliás, utópica e reacionária.

- **Pergunta nº 2:** O tema previdência social é, indubitavelmente, um dos principais itens da agenda pública brasileira. O *deficit* da previdência e o envelhecimento de nossa população, apontados por muitos especialistas, estimulam a discussão sobre opções de financiamento e sustentabilidade do sistema previdenciário em nosso País. Diante desse cenário, o senhor considera viável, como é afirmado em sua proposta de governo, não promover uma reforma da Previdência?

José Maria de Almeida: O governo FHC impôs, anos após ano, seu plano de reforma do Estado, levando à situação catastrófica atual. A ideologia neoliberal do "Estado mínimo", na realidade, significa redução da presença do Estado na garantia de serviços como saúde e educação para ampliar as garantias de lucro para o capital.

FHC conseguiu isso com a privatização dos serviços, os cortes nas verbas sociais e a redução dos salários do funcionalismo em aproximadamente 50%. Além disso, impulsionou diretamente reformas como a educacional e a da previdência que implicaram profundos retrocessos para o povo brasileiro.

O maior símbolo do pensamento neoliberal é a reforma da previdência. É um símbolo porque ataca um setor particularmente desprotegido, os idosos, com o cínico objetivo de conseguir mais fundos para entregar aos banqueiros com o pagamento da dívida. FHC conseguiu avançar na reforma da previdência de 1998, atacando o direito à aposentadoria dos trabalhadores.

A aposentadoria deixou de ser por tempo de serviço para ser contada por tempo de contribuição de 35 anos para os homens e 30 para as mulheres. Quem não tiver esse tempo de contribuição tem de ter no mínimo 65 anos (homens) ou 60 (mulheres). Em um país com expectativa média de vida de 66 anos, isso significa que a maioria da população vai trabalhar até morrer, sem direito a aposentadoria. Os trabalhadores informais – hoje, a maioria da população – também ficam diretamente sem direito à aposentadoria. O estímulo às empresas de previdência privada (ou "complementar") completa o quadro da política de FHC.

O chamado *deficit* da previdência, motivo alegado pelo governo para a reforma, não passa de mais uma das manobras do governo para justificar-se. Em primeiro lugar, o *deficit* é ampliado por manobras contábeis, ao se retirarem das entradas as contribuições sociais, como as do CONFINS e CSLL. No balanço geral da seguridade social (saúde, previdência, assistência social) de 2001, pode-se observar que houve *superavit* de 31,4 bilhões de Reais que foram utilizados como parte do pagamento da dívida pública. As receitas foram de 136,8 bilhões de Reais (COFINS, CSLL, CPMF, arrecadação previdência, etc.) e as despesas de 105,4 bilhões (benefícios previdência, saúde, etc.). Existe *deficit* entre arrecadação e gastos na previdência, que se transforma em um *superavit*, quando se analisa a seguridade social como um todo (incluindo também a saúde e assistência social). Este *superavit* desmente todas as mentiras do governo em relação ao "*deficit* da previdência". O governo faz uma manobra, retirando 70% das entradas das contribuições sociais, como as do CONFINS e CSLL, para gerar o "*deficit*".

Em segundo lugar, o governo não ataca as empresas que sonegam o pagamento de suas contribuições, gerando grande parte do *deficit*, preferindo, mais uma vez, apenar os trabalhadores. Por último, a integração dos trabalhadores informais ao Mercado formal, com carteira assinada, também elevaria as contribuições para a previdência.

O PSTU defende a anulação de todas as leis e todos os decretos relacionados com a reforma do Estado e, em primeiro lugar, a reforma da Previdência. O direito à aposentadoria deve ser integral para todos os trabalhadores da cidade e do campo.

▪ **Pergunta nº 3:** Sua proposta de governo identifica a necessidade de promover a defesa da arte e da cultura brasileiras. Quais serão as medidas práticas a serem tomadas com esse objetivo?

José Maria de Almeida: A burguesia deu um caráter de mercadoria para a arte e busca, permanentemente, esvaziar e manipular seu conteúdo. Tirou dela tudo o que não se enquadra nas leis de Mercado, para que ela sedimente os valores básicos da sociedade burguesa: a propriedade privada, o individualismo (a livre iniciativa), os privilégios, a família como célula máter do capitalismo, a degradação do trabalho manual.

Esse caráter da arte, longe de garantir a valorização do artista, o degrada e faz dele um vil serviçal do poder, do dinheiro e do prestígio. A situação da cultura e das artes é agravada com o processo de recolonização que impõe padrões culturais brancos e burgueses, moldados em Hollywood, e martelados na consciência das massas pelos grandes meios de comunicação, como a Rede Globo.

Isso traz a imposição de padrões de conduta, de descaracterização do que há de mais autêntico em cultura libertária, de vanguarda ou popular. Há inegável aprofundamento da indústria cultural, com o fortalecimento das multinacionais da cultura, o aumento do desemprego entre os artistas e o predomínio de um tipo de arte a serviço da disseminação dos mais desprezíveis valores burgueses.

Os pontos programáticos fundamentais que apresentamos são os seguintes:

– Toda liberdade à arte e aos artistas;

– Democratização da arte e da cultura.

Algo que deve começar, obrigatoriamente, pela democratização dos meios de comunicação. Hoje, a distribuição de concessões é uma escandalosa jogatina. Rádios e TVs servem como moeda de troca para os interesses das elites do País e do governo. Defendemos a estatização de todos os meios de comunicação, o incentivo ao desenvolvimento de rádios e TVs comunitárias (hoje chamadas erroneamente de "piratas"), sob o controle das comunidades que os operem.

Neste sentido, também defendemos o incentivo e a valorização de todas as manifestações da cultura popular – como as festas populares, as rodas de samba, o teatro de rua – e lutamos contra a sua mercantilização, que busca transformá-las em atração turística. Como também defendemos o incentivo e o apoio aos movimentos de contracultura, como o *hip hop*, o cinema "marginal", o teatro "alternativo" e outros.

– Facilitar as condições da produção artística

A arte deve ser obrigação do Estado. Seu financiamento deve estar previsto no orçamento e a distribuição das verbas deverá ficar a cargo dos artistas e da comunidade. Por isso, somos pelo fim da lei Rouanet e todas as chamadas leis de incentivo à cultura – municipais e estaduais –, que não passam de maneiras pouco disfarçadas de promover uma arte subserviente ao Mercado e poupar as grandes empresas do pagamento de impostos.

Hoje, devido a estas leis, artistas e produtores culturais são praticamente obrigados a se sujeitar aos critérios (incluindo na formação de elencos e desenvolvimento de temas) para conseguir o financiamento das empresas que "apóiam" suas iniciativas. Em contrapartida, além da isenção fiscal, estas empresas lucram rios de dinheiro com o patrocínio, enquanto o Estado se "desobriga" do financiamento.

▪ **Pergunta nº 4:** Qual papel é atribuído ao ensino superior público em sua proposta de governo?

José Maria de Almeida: O ensino superior público no Brasil hoje está em situação dramática. Existe pequeno número de vagas oferecidas pela Universidade Brasileira, sendo que a maioria delas está em escolas privadas. O número de jovens que saem do ensino médio é de aproximadamente 1.853.343 milhões a cada ano, para apenas 776.031 vagas oferecidas ao todo no ensino superior. Destas, 570.306 estão na rede privada, 206.275 nas públicas e somente 90.788 nas federais (*PNE/Dados de 1998*).

Vale ressaltar, aqui, que há menos de uma década essa relação era inversa. O que assistimos nos últimos cinco anos é um crescimento acelerado das faculdades pagas. A região norte é a única onde ainda há mais oferta de ensino público do que privado.

A universidade pública vive uma crise dramática com corte de verbas, congelamento salarial para docentes e funcionários, ataques do governo à autonomia universitária, etc. Enquanto isso, as Universidades pagas têm hoje à sua disposição uma liberdade tal que permite a seus donos lucrarem cerca de R$ 5 bilhões ao ano.

Toda essa realidade da educação no Brasil coloca nosso país em situação incomparavelmente inferior em relação, não só aos países desenvolvidos, mas, ressalte-se, diante de países cuja economia é igual ou inferior à brasileira.

Todo o projeto da reforma educacional de FHC e Paulo Renato baseia-se na estratégia proposta pelo Banco Mundial, concretizada no Brasil pela aprovação da LDB (Lei de Diretrizes e Bases), em dezembro de 1996. Essa instituição, controlada pelo governo norte-americano, inclui exigências de ajustes estruturais na economia dos países que recebem seus empréstimos. Entre essas exigências estão reformas na estrutura do ensino desses países, sob a base do descomprometimento do Estado com o financiamento e com uma mudança radical do ensino, adequando-o às necessidades do Mercado, ou seja, formação mais rápida e barata.

No ensino superior, isso significa que, incluindo as instituições públicas, devem adaptar-se às exigências dos grandes monopólios, com a adoção de cursos breves, de no máximo dois anos, voltados para as aplicações "práticas" e, não, para a mera reprodução dos conhecimentos científicos e tecnológicos, importados dos centros industriais dos países desenvolvidos e para as necessidades científicas e tecnológicas do País.

Todas essas diretrizes vêm sendo aplicadas à risca pelo governo FHC e têm como conseqüência direta a falta de vagas nas escolas, a diminuição de verbas federais para a educação e a crise da Universidade Pública.

Mas, isso é só o começo. Caso o FMI e os EUA consigam implementar a ALCA, a educação pública sofrerá retrocesso ainda maior no País. Existem já vários acordos feitos no âmbito da OMC que, por meio da ALCA, serão postos em prática. Um dos pontos cruciais é a inclusão da educação como setor de serviços, ou seja, a educação deixa de ser um dever do Estado e um direito do povo e passa a ser um serviço, portanto, como tal, deve ser comprado e negociado a partir das leis do Mercado.

Com a ALCA, uma empresa estrangeira de educação terá o direito de reivindicar as mesmas verbas das escolas públicas, com o argumento de garantir direitos iguais para livre concorrência. Se o Estado não cumprir essas regras, poderá sofrer sérias sanções e pagar multas exorbitantes.

Com a ALCA, o País perde o poder de determinar a qualidade do ensino, o conteúdo de seus currículos, etc., sendo obrigado a reconhecer qualquer currículo que venha de fora, por pior que seja. Será questão de tempo o fim de todas as escolas públicas, desde o nível básico às Universidades.

Para que essa situação seja mudada radicalmente, para que a Educação seja de fato fator de desenvolvimento do País, para que se erradique o analfabetismo, é preciso que haja verdadeira revolução no sentido oposto ao que o governo vem fazendo.

Em primeiro lugar, temos de impedir a ALCA e deixar de pagar a dívida externa e a interna, para que, de fato, o dinheiro do povo seja investido na Educação e, não, para engordar os bolsos dos banqueiros e empresários internacionais e nacionais.

O PSTU pronuncia-se totalmente contra a Reforma Educacional do governo FHC e contra a ingerência do Banco Mundial na educação nacional.

O PSTU defende o financiamento integral do ensino básico, médio e superior como um dever do Estado, ou seja, o Estado deve garantir ensino público e gratuito para todos. Isso significa que a educação não pode ser tratada como um negócio que tem, como objetivo, o lucro e que vende um produto que só é fornecido aos que podem comprá-lo.

Para garantir ensino público para todos, é preciso acabar com o mercantilismo na educação e os enormes lucros que as instituições de ensino particulares vêm obtendo. Por isso, o PSTU defende o fim do ensino pago. Nenhum tostão para subsidiar os programas de parceria das escolas e Universidades com as empresas. Fim dos subsídios e incentivos do Estado para expansão da rede particular, com as bolsas de estudo para as escolas pagas e o Financiamento Estudantil (FIES) para as faculdades particulares.

Redução das mensalidades nas Escolas e Faculdades particulares! Em defesa dos inadimplentes! Anistia das dívidas imediatamente! Nenhum estudante fora da escola; todos têm direito de freqüentar as aulas, realizar provas e solicitar transferências a qualquer momento!

Defendemos o aumento geral de vagas, para garantir o acesso de todos à educação pública em todos os níveis, com o dinheiro da dívida.

Somos contra a inspeção e os órgãos de supervisão escolar! Defendemos um Conselho Nacional de Educação e conselhos estaduais e municipais compostos paritariamente por trabalhadores em educação, estudantes e representantes dos sindicatos e entidades populares, eleitos democraticamente e com mandatos revogáveis.

Defendemos o fim do Exame Nacional do Ensino Médio (ENEM) e o Exame Nacional de Cursos de Ensino Superior ("Provão") que são utilizados para classificar as instituições de acordo com a imposição destes critérios.

O PSTU propõe a eleição direta para diretores e conselhos de escola, para reitores e órgãos colegiados das Universidades por meio do voto de professores, estudantes e funcionários. Esses organismos, com a participação da comunidade, devem ter autonomia didática, pedagógica e de gestão financeira, assim como controlar a qualidade do ensino.

Defendemos também política salarial para os professores que estabeleça o salário mínimo do Dieese para um regime de 20 horas semanais.

Para financiar a educação, defendemos a aplicação plena e direta de, no mínimo, 18% da receita tributária da União e 25% para os Estados e 30% para os municípios. Além disso, defendemos dobrar o orçamento dos atuais 17,9 para 35,8 bilhões de Reais com a verba do não-pagamento da dívida externa.

▪ **Pergunta nº 5:** Sua proposta de governo sugere a criação, como uma das opção para proteger a Amazônia e seu meio ambiente, de Reservas Extrativistas, "(...) espaços territoriais destinados à exploração e conservação dos recursos naturais renováveis, por populações com tradição no uso de recursos extrativos". Gostaríamos de que o senhor detalhasse essa proposta e outras medidas a serem tomadas para assegurar a proteção da região amazônica.

José Maria de Almeida: A ação humana modifica o meio ambiente. Pode-se realizar em maior equilíbrio com a natureza ou causar desastrosa degradação ambiental. Podemos sentir diretamente os efeitos do capitalismo decadente sobre os homens e as mulheres a nossa volta, cortando nossos salários e empregos. Ataque de dimensões semelhantes, ameaçador e revoltante, está sendo cometido contra a natureza.

Existe uma destruição do meio ambiente em escala global, com efeitos que podem atingir brutalmente a humanidade. Nunca em sua história, o capitalismo modificou de forma tão agressiva e destrutiva a natureza como agora. Já existem sinais de grandes mudanças no clima, como as secas na Amazônia, enchentes no Brasil e na Argentina, derretimento de geleiras próximas aos pólos.

A poluição atmosférica e dos rios nas grandes cidades são só os efeitos mais visíveis de séria ameaça ambiental a toda a humanidade. O efeito estufa, causado pela emissão em grandes quantidades de gás carbônico (pela queima de petróleo, carvão mineral e gás), vai aquecendo o Planeta e gerando estas mudanças climáticas.

O imperialismo norte-americano, responsável sozinho pela emissão de 25% dos gases do Planeta, recusa-se a assinar até mesmo um tratado limitado e tímido como o de Kyoto (que prevê redução gradualíssima da emissão de gases até 2050). O governo Bush, apoiado e financiado pelas empresas de energia dos EUA, não quer aceitar limitação alguma à atuação destas empresas, enfraquecendo e quase inviabilizando qualquer acordo. A impotência completa da *Conferência Rio+10* deve-se a esta postura do governo Bush e a subserviência dos outros governos.

As multinacionais poderão, com a ALCA,, patentear todas as plantas e microorganismos da Amazônia. As empresas farmacêuticas movimentam mais de 40 bilhões de Dólares por ano em produtos a partir de componentes originários de florestas tropicais e têm enorme interesse na Amazônia. O IBAMA calcula que a biodiversidade brasileira, hoje, vale mais do que quatro vezes o PIB nacional.

A Amazônia, como um todo, é uma das pretensões imperialistas. Além da biodiversidade, tem enorme importância por sua extensão (mais de 6 milhões km^2, com a maior parte no Brasil), por ter 2/3 das florestas tropicais úmidas do Planeta e por ser o maior reservatório de água doce da Terra. Quase 1/5 de toda a água do Globo flui em seus rios. E a água será cada vez mais essencial pela previsão de escassez para o futuro. Já foi denunciado que, em livros escolares norte-americanos, a Amazônia é apresentada como "território sob jurisdição internacional" e, não, como parte do Brasil.

Caso a ALCA seja imposta ao País, não haverá forma alguma de defender a natureza. O "acordo" da ALCA impõe que nenhum governo pode impedir empresa alguma dos EUA de conseguir seus lucros, mesmo que seja à custa de despejo de resíduos tóxicos em um manancial de água potável. Um tribunal internacional, sob controle dos EUA, dará ganho de causa à empresa norte-americana, mudará a decisão do governo e ainda o obrigará a pagar uma multa para a empresa, sob a argumentação de que se estão limitando os lucros.

Defendemos a abolição da lei das patentes. A humanidade deve utilizar o conhecimento para seu próprio benefício, é incorreto, portanto, considerá-lo um monopólio. Menos ainda pode existir propriedade intelectual sobre qualquer tipo de forma de vida vegetal, animal ou humana.

Defendemos multas e sanções severas às empresas poluentes da atmosfera, dos rios e dos mares e às devastadoras de nossas florestas. Repudiamos qualquer tentativa de controle territorial da Amazônia pelo imperialismo. Nesta região, deverão ser criadas Reservas Extrativistas, espaços territoriais destinados à exploração e conservação dos recursos naturais renováveis, por populações com tradição no uso de recursos extrativos.

▪ **Pergunta nº 6:** Quais são os principais pontos de sua proposta para a política externa brasileira?

José Maria de Almeida: O principal ponto é a ruptura da dependência com os países imperialistas, a começar dos EUA. Isso significaria a ruptura das negociações da ALCA e dos acordos com o FMI.

O atentado de 11 de setembro passado permitiu ao imperialismo recompor sua base nos EUA para uma contra-ofensiva brutal em todo o mundo. O governo Bush pode, apoiado pela maioria dos americanos, tentar impor um projeto de recolonização em todo o mundo.

Os métodos fascistas do Estado de Israel na Palestina são apoiados direta ou indiretamente pelo governo Bush, e agora, a qualquer momento, pode ocorrer uma invasão ao Iraque. Para a América Latina, esse mesmo plano recolonizador quer impor a ALCA.

No entanto, esta contra-ofensiva imperialista não está ocorrendo em um momento de ascensão capitalista como na década de 90, mas no período de crise do neoliberalismo. Em todo o mundo, os planos neoliberais determinaram retrocesso econômico e social inédito para os países dominados e aos trabalhadores. Os tempos em que esses planos geravam grandes expectativas das massas ao terminar com os processos inflacionários, como na década de 90, já pertencem ao passado.

Neste início deste século, a ofensiva imperialista está acarretando enorme polarização social, econômica e política, gerando crises e mobilizações de massas em várias regiões do mundo, com picos na Palestina e Argentina. A verdadeira insurreição que derrotou o golpe na Venezuela é parte do mesmo processo de polarização.

Defendemos uma política externa independente, que apóie a luta dos trabalhadores de todo o mundo contra o imperialismo.

Respostas

Rui Costa Pimenta

Pergunta nº 1: O fomento à ciência e à tecnologia é considerado, nas economias mais avançadas, um dos pilares do desenvolvimento socioeconômico. Qual é a sua proposta para estimular as empresas nacionais a ampliarem seus investimentos em inovação científica e tecnológica? O senhor acredita haver condições para que as empresas transnacionais realizem atividades de pesquisa e desenvolvimento no Brasil?

Rui Costa Pimenta: A pesquisa nacional, no que respeita ao desenvolvimento nacional, é quase inexistente. Atendendo aos interesses dos grandes grupos capitalistas estrangeiros, que não querem o desenvolvimento de ciência e tecnologia autônoma no País, pois isto poderia fortalecer a posição nacional no Mercado mundial, o governo FHC levou ao extremo o estrangulamento deste setor. Isso se dá com corte de verbas para as Universidades Públicas – onde se concentra a escassa pesquisa nacional – e para os órgãos de financiamento (Fapesp, CNPq, etc.).

Uma das características do atraso do capitalismo nacional é, justamente, a sua enorme incapacidade em enfrentar a pressão do imperialismo mundial para abrir caminho ao desenvolvimento de uma tecnologia própria dos setores de ponta.

Rui Costa Pimenta é candidato à Presidência da República pelo PCO.

O PCO defende a destinação de percentual fixo do PIB para a pesquisa, assim como para a educação. Esse valor deveria ser amplamente discutido e definido pela comunidade diretamente envolvida (professores, estudantes e funcionários das Universidades), em conjunto com representantes das organizações do movimento operário e popular. E deveria estar totalmente voltado às instituições estatais e, não, privadas. Para o PCO, esse é o único caminho para fazer da pesquisa uma via real de desenvolvimento do País, com a conseqüente criação de empregos e melhoria das condições de vida da população. Para tornar viável este investimento, é preciso recuperar o controle sobre a poupança nacional, com o não-pagamento da dívida externa, da nacionalização do sistema financeiro e do estabelecimento do monopólio estatal sobre o comércio exterior.

A questão central, no entanto, é a de que os governos burgueses que se sucederam na história republicana do País nunca foram capazes de remover os obstáculos sociais ao desenvolvimento do País, ou seja, em primeiro lugar o capital estrangeiro. Somente um governo da classe operária e das massas pobres e exploradas do país, ou seja, um governo verdadeiramente nacional, poderá enfrentar o poder do capital estrangeiro.

■ **Pergunta nº 2:** Os programas sociais são considerados, muito freqüentemente, instrumentos compensatórios ou mesmo assistencialistas do governo federal. O senhor acredita ser possível implementar programas sociais com uma abordagem diversa? Quais os programas de proteção social que deverão ser implementados em seu governo?

Rui Costa Pimenta: O PCO entende que as chamadas políticas sociais implantadas pelo governo no País não passam de demagogia, ou seja, ao mesmo tempo em que deixam a maioria do povo na miséria (com desemprego, arrocho salarial, salário mínimo de fome...), os governos que se sucederam após o regime militar – ou seja, que assumiram a tarefa de administrar a crise do Estado por ele criada – apresentam alguns programas sociais absolutamente insuficientes para melhorar a vida da população e que, na maioria dos casos, têm seus recursos desviados pela corrupção, ou seja, pelas retrógradas estruturas do regime político burguês.

Nesse sentido, as propostas sociais do PCO visam, prioritariamente, à melhoria real das condições de vida da população:

- Redução da jornada de trabalho para 35 horas semanais, como forma de garantir emprego para todos.
- Reposição de todas as perdas salariais impostas durante a vigência do Plano Real.
- Salário mínimo vital, ou seja, capaz de garantir a sobrevivência digna de uma família trabalhadora, assim como prevê a Constituição Federal.
- Como maneira de combater a miséria atualmente, de forma emergencial, o governo deve criar um plano de obras públicas (construção de hospitais, casas populares, escolas, grandes obras fundamentais, etc.), para garantir emprego para os desempregados.
- Controle operário e popular (sindicatos, movimentos populares, etc.) sobre os programas atuais de combate à fome e todos os programas sociais com verba estatal.

■ **Pergunta nº 3:** A desigualdade regional é, reconhecidamente, um dos principais desafios à agenda do desenvolvimento de nosso país. Qual é a importância institucional que seu governo pretende dar à questão das desigualdades regionais?

Rui Costa Pimenta: O capitalismo brasileiro experimentou sempre uma situação de desenvolvimento absolutamente desigual: se, de um lado, temos uma região avançada, o Sudeste, que atingiu uma industrialização expressiva, de outro, temos regiões em que o desenvolvimento econômico é quase uma quimera, como é o caso do Nordeste. O problema da concentração de riquezas em algumas regiões é conseqüência de desenvolvimento capitalista moderno conjugado com formas de produção resultantes da estagnação de épocas econômicas anteriores que nunca foram superadas, com os setores principais da burguesia concentrados na região Sudeste e, secundariamente, no Sul. Isso ocorre, por um lado, porque o sistema capitalista é com base em produção anárquica, que responde apenas aos interesses dos capitalistas por maiores lucros e, por outro, pela pressão do imperialismo mundial, que distorce a evolução econômica do País, perpetuando o atraso. Para reverter isso, é preciso um conjunto de medidas que promovam o desenvolvimento do País como um todo:

- Contra a desordem capitalista, o PCO luta por um governo que seja capaz de colocar em prática o planejamento da produção, de forma centralizada e de acordo com os interesses do País.
- Aumento da taxa de investimento na economia das regiões mais pobres, como forma de promover a sua industrialização.

Para que ocorra um investimento massivo de recursos nacionais nas regiões mais pobres, como forma de impulsionar o seu desenvolvimento econômico, é preciso uma reversão da política econômica do atual governo, pautada pela predominância dos interesses dos grandes grupos econômicos nacionais e estrangeiros, em primeiro lugar o capital financeiro. Os acordos com os fundos internacionais, que asfixiam o País por meio do pagamento de juros e impõem cortes dramáticos nos serviços públicos, são a prova mais cabal disso. Com essa política, os recursos que deveriam compor a poupança nacional acabam migrando para o imperialismo. A crise econômica no Brasil (a exemplo da Argentina e outros) é agravada pela política imposta por estes organismos e pela tentativa do imperialismo norte-americano de minimizar o impacto de sua crise interna (agravada com os escândalos das grandes corporações, como Enron e WorldCom) por meio de exploração extra sobre as nações pobres. É preciso inverter a política econômica atual, com um conjunto de medidas:

- Não-pagamento da dívida interna e da externa, como forma de gerar poupança interna, sem a dependência de capitais especulativos (atualmente, pagam-se cerca de três bilhões de Dólares mensais, a título de juros).
- Fim de qualquer subsídio estatal a empresários, banqueiros, latifundiários, empreiteiros, etc. Para o partido, todos os recursos públicos devem ser usados exclusivamente em benefício da população. Portanto, em um governo do PCO, não haveria espécie alguma de "guerra fiscal" entre os estados.
- Centralização e estatização do sistema financeiro.
- Controle do Banco Central sobre as remessas de lucros e capitais ao Exterior.

- Fim dos impostos sobre salários e consumo. Criação de imposto único sobre o capital.
- Salário mínimo vital, ou seja, capaz de suprir as necessidades básicas de um trabalhador e sua família (como reza a Constituição Federal) e impulsionar a economia, com o crescimento do consumo. Além disso, o PCO propõe a implantação da escala móvel de salários, ou seja, toda vez que a inflação subir, automaticamente deverão ser reajustados os salários. Além de preservarem o poder de compra dos trabalhadores, ambas as medidas visam a acelerar o ritmo da economia (consumo – produção – emprego – consumo...).
- Plano emergencial federal de obras públicas, como forma de construir as casas populares de que o País precisa e, ao mesmo tempo, gerar novos empregos.
- Reforma agrária: a estrutura agrária brasileira é uma das mais atrasadas e contraditórias do mundo. Grandes extensões de terra, algumas maiores do que países inteiros, concentram-se nas mãos de poucos latifundiários, muitas vezes unicamente para fins especulativos. Ao mesmo tempo, em algumas regiões do País, como São Paulo, concentra-se moderna agroindústria de exportação. O resultado dessa situação não se resume apenas em miséria e desemprego no campo, mas também em retrocesso na produção, no atraso tecnológico e no encarecimento dos produtos agrícolas. O primeiro passo para reverter essa situação é a realização de ampla reforma agrária no País, com confisco sem indenização do latifúndio e distribuição de terra aos milhões de sem-terra. Para que dê frutos,

no entanto, deve vir acompanhada de crédito estatal barato e de toda a infra-estrutura tecnológica aos produtores. Outra medida de defesa dos sem-terra e da reforma agrária é a garantia do fim da violência no campo, praticada pela polícia e pelos fazendeiros, com a conivência do Estado.

- Concessão de crédito barato e facilitado ao pequeno empreendedor da cidade e do campo; nenhum subsídio aos grandes grupos capitalistas.
- Emprego: O altíssimo índice de desemprego no País, produto direto da política do governo FHC, é um dos principais elementos de desigualdade. É a forma encontrada para jogar sobre os trabalhadores o ônus da crise capitalista. Para combatê-lo, o PCO propõe a redução da jornada de trabalho para 35 horas semanais, sem corte nos salários, para que todos possam trabalhar (que os patrões reduzam suas margens de lucros para se adequar a esta medida).

Um último aspecto, diretamente ligado à situação da Região Norte e da Nordeste, é as conseqüências da seca. A situação das populações destas regiões, castigadas pela seca, é uma das facetas mais desumanas do regime político atual. Rios de dinheiro são desviados para os bolsos dos coronéis da região, sob as vistas grossas do governo. Trata-se de dinheiro que deveria ser utilizado para combater a seca, desenvolver tecnologias para melhorar as condições de vida na região, etc. Os recentes escândalos da SUDAM/SUDENE são apenas a ponta do *iceberg* desse enorme roubo contra os brasileiros que padecem sob a seca. O PCO defende que o governo utilize todos os recursos necessários para combater esse problema. E que estes órgãos sejam colocados diretamente sob controle das organizações do movimento operário e popular.

Pergunta nº 4: A biodiversidade é, indubitavelmente, um tema central na agenda do desenvolvimento brasileiro. Qual será o tratamento que o senhor pretende dar ao tema em um eventual governo?

Rui Costa Pimenta: A crise ecológica do mundo atual – hoje evidente e alarmante – é produto da decomposição do capitalismo imperialista, que não só é um entrave para o desenvolvimento das forças produtivas da humanidade, mas também fator direto de destruição de todas as conquistas da civilização humana. A produção orientada pelo interesse privado capitalista (o lucro), e não de acordo com as necessidades sociais, levou à utilização de técnicas cada vez mais "rentáveis" (para os capitalistas) e cada vez mais destruidoras do meio ambiente. Não é demais dizer que a sobrevivência do capitalismo mundial compromete a sobrevivência do gênero humano.

O desmantelamento irracional da Amazônia, por exemplo, é produto da ocupação capitalista anárquica dessa região, legal e ilegalmente. Nas últimas décadas, dezenas de madeireiras de outros países exploraram indiscriminadamente a região, na maioria dos casos causando devastações irreparáveis e que comprometem a fauna e a flora locais. Embora tenha conhecimento da ação destas empresas (várias denúncias de irregularidades foram veiculadas na grande imprensa), o governo FHC nada faz de substancial para restringir sua atividade. O governo, na verdade, é cúmplice da devastação da Amazônia, que prejudica os trabalhadores e as populações indígenas da região.

Na realidade, a burguesia brasileira foi a ponta-de-lança dessa penetração, facilitando-a por meio do Estado (desde os tempos da ditadura militar até hoje), e apoiando-a por meio da repressão assassina contra o Movimento dos Sem-Terra e os índios, por meio da ação policial e das milícias paramilitares dos fazendeiros e das madeireiras.

Ainda em relação à Amazônia, é preciso destacar que o Brasil é o País com a maior biodiversidade do mundo. As principais fontes de matérias-primas que podem ser transformadas em remédios e cosméticos, entre outros, estão na Amazônia. Os Estados Unidos e a Europa, de olho neste filão, querem transformar a Amazônia em território "internacional" (leia-se transformá-la em área de livre rapinagem), como forma de garantir a exploração dessa biodiversidade. O PCO é contrário a mais esta tentativa de roubo do patrimônio nacional. A biodiversidade nacional (bem como o patenteamento de todas as descobertas) deve estar sob controle brasileiro.

Outro exemplo interessante, que comprova a relação direta entre devastação ambiental e capitalismo, diz respeito à água. Realizada em dezembro de 2001, na Alemanha, a Conferência Internacional sobre Água Doce apontou um dado alarmante: 20% da população mundial (1,2 bilhão de pessoas) não têm acesso à água de boa qualidade. Atualmente, a humanidade consome 54% da água disponível, índice que pode chegar a 70% em 2025. Se todos os habitantes do Planeta consumissem água como os dos países ricos, o uso já seria de 90% da disponibilidade. Chega a ser incompreensível o fato de faltar às pessoas um bem tão abundante e gratuito na natureza. O problema, é claro, é social. A esmagadora maioria das pessoas privadas de água limpa vive em países pobres, justamente aqueles sem recursos financeiros e tecnológicos para garantir o tratamento e o transporte do precioso líquido. A riqueza destas nações, por certo, está irrigando os cofres dos grandes capitalistas estrangeiros e do imperialismo, com as eternas dívidas externas.

Uma das discussões mais movimentadas da Conferência foi a possibilidade de, resolvido o problema de acesso para o conjunto da população mundial, a água passar a ser insuficiente para todos. Os especialistas presentes apontaram várias opções para o problema, dentro e fora da Terra: a exploração de fontes até hoje inacessíveis ao homem, como o Lago Baikal, na Sibéria, e o Lago Vostok, na Antártida, ou ainda os oceanos profundos de algumas das luas do planeta Júpiter. Outras opções surgirão, por certo. O problema é que, sob o capitalismo, os governos dos países imperialistas não terão interesse em financiar pesquisas que contribuam para melhorar a vida do conjunto da população.

Uma primeira e importante conclusão sobre a crise do meio ambiente é que não há saída capitalista para ela. O imperialismo não tem outro interesse, a não ser o lucro. Isso ficou patente no episódio do Protocolo de Kyoto (que prevê o controle de emissão de gases poluentes pelas nações), que foi boicotado justamente pelos Estados Unidos, o país que mais polui no mundo.

Somente um governo próprio dos trabalhadores teria condições de tratar a questão ambiental sob a ótica dos interesses da maioria da humanidade.

▪ **Pergunta nº 5:** Qual será o papel atribuído, de acordo com sua proposta de governo, ao ensino superior público, tendo em mente, sobretudo, o documento da Associação Nacional dos Docentes das Instituições de Ensino Superior – ANDIFES, em que está relacionada a situação de indigência das Universidades Públicas em nosso país?

Rui Costa Pimenta: Ao contrário da propaganda oficial, que procura mostrar um progresso na educação brasileira durante os oito anos de governo FHC, a realidade mostra uma situação de terra arrasada. O sistemático corte de verbas na educação pública – assim como acontece na saúde – vem deteriorando a cada dia os serviços prestados à maioria pobre da população. As verbas que deveriam sustentar a educação pública são, em grande parte, desviadas para os bolsos dos capitalistas do ensino privado (por meio de subsídios, isenção de impostos, etc.) e para o pagamento da dívida externa aos países imperialistas. O resultado dessa política é a deterioração e o retrocesso nas áreas sociais.

A educação é, ao mesmo tempo, um problema que diz respeito às condições de vida da população e da sua evolução social, bem como ao progresso histórico do País. Ao comprometer o ensino, o governo FHC coloca em questão o futuro do País como nação independente.

O ensino público, em especial da faixa que vai do ensino fundamental ao médio, é de baixa qualidade, não prepara os estudantes para o ensino superior e, tampouco, para a vida profissional. Um exemplo gritante disso é a chamada "aprovação automática", que visa, sob a cobertura de estabelecer sistema mais democrático e racional, a evitar gastos com a permanência do aluno na escola, ainda que ele não tenha conseguido assimilar o aprendizado.

Não bastasse essa precária situação no ensino público, ainda temos um contingente gigantesco de brasileiros analfabetos, o que se constitui vergonha e enorme retrocesso para o País. São pessoas condenadas ao desemprego, aos piores postos no Mercado de trabalho, aos mais baixos salários, à pobreza.

Para o PCO, tanto a qualidade do ensino, quanto o combate ao analfabetismo só virão com maior investimento estatal na educação. São problemas que dependem exclusivamente da vontade política que falta a um governo que está a serviço dos lucros dos Bancos nacionais e estrangeiros e dos grandes industriais em detrimento dos interesses e das necessidades da população.

O PCO defende o monopólio estatal da educação. Além de garantir educação pública e gratuita de qualidade para todos, esse é o melhor caminho para fazer da educação via real de desenvolvimento do País. Consideramos ainda que a defesa do ensino depende fundamentalmente de que os próprios interessados tenham o controle das escolas e das Universidades e das suas decisões-chave. Ensino sustentado pelo Estado e controlado politicamente pelo povo trabalhador: esta é, na nossa opinião, a melhor fórmula para defender a educação brasileira.

O PCO é absolutamente contra a privatização das Universidades Públicas e de qualquer outra instância do ensino público. A educação é um dever do Estado e um direito da população. Especificamente para o ensino superior, o partido tem as seguintes propostas:

Sobre o acesso

O programa do PCO defende o fim do vestibular e o livre ingresso no ensino superior, por entender que este é um mecanismo que serve apenas para impedir o acesso da maioria da juventude à Universidade, especialmente da juventude operária. Para obter isso, independentemente das eleições, o caminho é a luta política, em particular dos próprios estudantes que aspiram ao ensino universitário. A imensa capacidade ociosa da maioria das Universidades Federais poderia ser o imediato ponto de partida para a implantação de sistema de acesso amplo à educação pública de terceiro grau.

Sobre vagas

A falta de vagas nas Universidades Públicas está relacionada aos interesses dos grupos privados na educação. Com o livre ingresso na Universidade e a estatização das Universidades privadas, é possível garantir vagas para os estudantes pobres e assegurar educação pública, gratuita e de qualidade. O PCO sempre defendeu o monopólio estatal do ensino público, por entender que este é o único meio de garantir que a população trabalhadora, em particular a de baixa renda, tenha acesso real ao ensino e à cultura. Este processo deve ser financiado pela utilização integral dos recursos públicos para os serviços públicos, pondo fim à distribuição de dinheiro aos Bancos e às grandes empresas, o que ocorre por meio da política de subsídios e isenções. Entendemos que o progresso nacional depende de dar à educação e à pesquisa o seu devido peso.

Sobre gratuidade

O Partido da Causa Operária defende a Universidade Pública, gratuita, laica e de qualidade, para que toda a juventude tenha garantido o direito ao ensino superior, uma vez que a Universidade privada é uma fonte de lucros em troca de um ensino, grosso modo, de péssima qualidade. Vários governos vêm realizando, desde a época do regime militar, a transferência dos recursos e das vagas no ensino superior para o ensino privado. Este tornou-se válvula de escape a altíssimo custo para a população e com resultados lamentáveis para a falta de investimento estatal na educação. O prejuízo é não só dos estudantes de classe média baixa e da classe trabalhadora – que são excluídos da Universidade Pública pelo vestibular – mas de todo o País, que vê cair brutalmente a qualidade da formação profissional. A educação, assim como a saúde e outras necessidades fundamentais do povo, deve ser pública e gratuita em todos os níveis.

Sobre gestão

A comunidade universitária, ou seja, estudantes, professores e funcionários, deve decidir sobre o orçamento das Universidades e sobre todos os aspectos da vida universitária de modo democrático, ou seja, deve haver, nas Universidades Públicas, completa autonomia em relação à politicagem dos governos burgueses, por meio da eleição de conselho tripartite, eleito proporcionalmente por todos os setores, com poder exclusivo, que seja a expressão da real vontade da comunidade universitária.

Sobre avaliação

Com o pretexto de controlar a qualidade das pequenas empresas ineficientes que autorizou, o governo instituiu o "Provão", que é um vestibular adicional e acabará por se tornar mais um mecanismo de exclusão do estudante da Universidade e do Mercado de trabalho. A qualidade do ensino deve ser elevada pelo controle democrático de estudantes, professores e funcionários sobre a Universidade e não por medidas burocráticas e antidemocráticas do Estado, que atacam a educação e oneram o estudante.

Pergunta nº 6: Recuperar a capacidade criativa do pensamento intelectual brasileiro é desafio que se coloca a todos nós no Brasil contemporâneo. Qual é sua proposta de governo para o fomento à cultura brasileira?

Rui Costa Pimenta: O PCO considera que, de um ponto de vista substantivo, inexiste política cultural no atual governo. O que há, em termos de investimentos, são iniciativas de claro conteúdo político, cujo objetivo central é o de atrair uma parcela da comunidade artística ou intelectual para determinado grau de apoio ao governo, como ocorre, por exemplo, na área cinematográfica, com vários filmes nacionais financiados, nos últimos anos, por verbas estatais ou privadas, baseadas nas leis de isenção fiscal. No entanto, o que se nota é que mesmo essas iniciativas isoladas expressam política clientelista por parte do governo. São várias as denúncias de desvio de dinheiro e de corrupção. Não se trata de real preocupação com o desenvolvimento da produção cultural nacional, mas, sim, do uso de verbas públicas como instrumento político para beneficiar grupos do meio artístico ligados ao governo.

A maioria esmagadora da população tem raras oportunidades de lazer e cultura, pois os preços de ingressos no cinema e para *shows* teatrais e musicais são restritivos. Nos bairros pobres do País, o limitado acesso à cultura restringe-se aos *shows* e bailes *funks*, que muitas vezes servem como pontos do tráfico de drogas e de disputa entre gangues.

Por outro lado, as possibilidades de os filhos da classe trabalhadora desenvolverem suas habilidades artísticas são quase inexistentes. Raros são os espaços públicos destinados a aulas de teatro, dança, música, etc. Neste cenário, como poderiam brotar talentos na periferia das cidades? A chance de que um grande cantor, bailarino ou ator desponte em um bairro pobre é quase nula. Mesmo um esporte popular como o futebol – que é parte da cultura nacional *lato sensu* – é totalmente abandonado.

O PCO divide em quatro pontos suas principais propostas para a área cultural:

1) Estatização das grandes empresas privadas do setor cultural, ou seja, que o Estado detenha o monopólio da grande produção cultural no País (cinema, música, televisão), retirando-a das mãos dos grupos capitalistas privados. Os investimentos seriam definidos a partir de ampla e democrática discussão com a comunidade artística e representantes do movimento operário e popular.
2) Proteção da indústria cultural nacional, por meio da imposição de barreiras (sobretaxação) à importação de produtos culturais (filmes, discos, etc.) de baixa qualidade. Os critérios seriam igualmente definidos por organismos criados com representantes da área artística e do movimento operário e popular.
3) Incentivo ao pequeno produtor artístico, com concessão de crédito estatal barato e acesso à infra-estrutura e à assistência técnica necessária.
4) Destinar o grosso dos investimentos estatais diretamente para o benefício da população: criação de escolas de teatro, música, dança, etc.; oferecimento de cursos e oficinas em larga escala; construção de cinemas e teatros nos bairros pobres e amplamente nos municípios, com ingressos a preços acessíveis; entre outras. Com isso, o governo estaria criando canais para que a população

manifeste seus dotes artísticos e, também, tenha acesso à grande produção cultural (filmes, peças teatrais, *shows* musicais e de dança, etc.). É interessante lembrar que a indústria cultural só pode crescer e ser forte se tiver raízes na população; ou seja, se o conjunto dos cidadãos passar a consumi-la em grande escala.

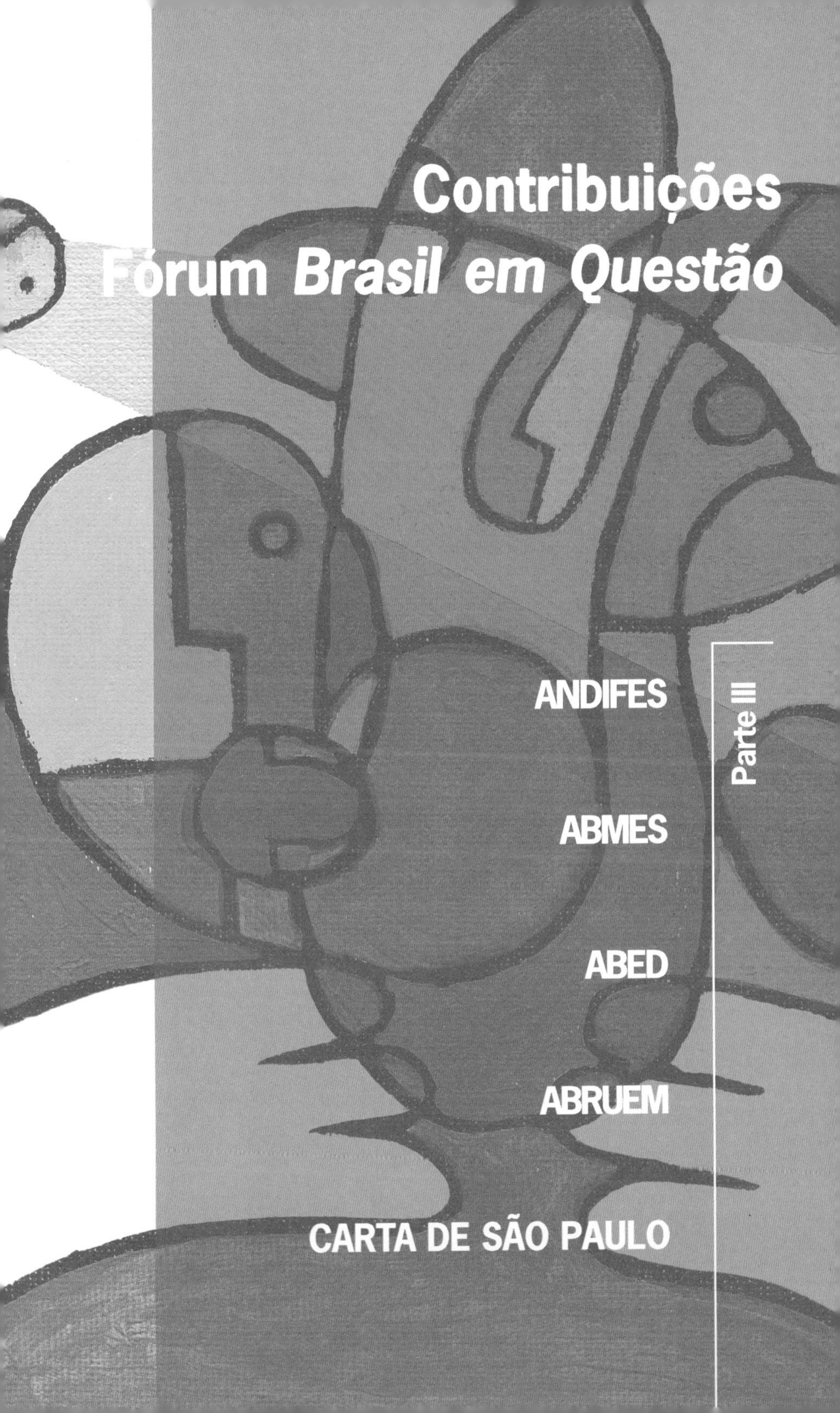

Contribuições Fórum *Brasil em Questão*

Parte III

ANDIFES

ABMES

ABED

ABRUEM

CARTA DE SÃO PAULO

Documento da ANDIFES

Certos da responsabilidade política e acadêmica associada aos cargos que ocupamos e à comunidade que representamos, nós, dirigentes das Instituições Federais de Ensino Superior, apresentamos, aos candidatos à Presidência da República, o presente documento, que sintetiza nossas preocupações diante do atual cenário acadêmico e institucional das Universidades Públicas brasileiras. Ao mesmo tempo, manifestamos nossa plena disposição para o diálogo amplo e permanente com o novo Governo, em busca das soluções e dos encaminhamentos decorrentes dos compromissos das instituições universitárias com o desenvolvimento do saber e as desejadas transformações da sociedade brasileira.

Atenta aos problemas relacionados à educação superior pública em nosso país, a ANDIFES está consciente das mudanças em curso nas Universidades Federais. Se, de um lado, convivemos com o esgotamento de muitas das fórmulas herdadas dos anos 70, do outro cumpre assinalar o crescimento exponencial da demanda pelo ensino superior e a percepção cada vez mais difundida da importância do desenvolvimento científico, tecnológico e cultural na construção das nações no milênio que ora se inicia.

As Universidades Públicas Federais vêm apresentando expansão da matrícula e correspondente crescimento na graduação e na pós-graduação, enquanto consolidam a pesquisa

ANDIFES – Associação Nacional dos Dirigentes das Instituicões Federais de Ensino Superior em ciência e tecnologia, garantindo as bases de funcionamento da comunidade científica nacional. Acrescente-se, aqui, a sua condição de referência de qualidade para o sistema brasileiro de educação superior. Esse papel cresce em relevância quando se percebe que o processo de expansão da educação superior é vertiginoso e que, nos últimos anos, se tem concentrado no setor privado, hoje responsável por quase 70% das vagas de graduação. O desequilíbrio expansionista exige do Estado brasileiro redobrada atenção em sua atividade de supervisão do sistema e de monitoramento da qualidade do ensino. Tal quadro tem levado as autoridades governamentais a diminuírem o foco – antes quase exclusivo – no ensino superior público, o que nos leva a novo patamar de preocupações com a sustentabilidade do sistema.

Pressionada pela retração substantiva das fontes de financiamento, a corrosão salarial, a inexistência de planos de carreira adequados, a redução do quadro efetivo de professores e de funcionários técnicos e administrativos, a perda de recursos humanos altamente qualificados, a necessidade de assegurar crescentes níveis de excelência e de responder eficazmente às novas demandas da sociedade: tudo isto leva a Universidade a exigir, dos segmentos que a constituem, esforços excepcionais e continuados na condução de sua gestão e no estabelecimento de uma agenda de estratégias para o seu desenvolvimento.

A Universidade pública tem ainda de enfrentar recorrentes ações da burocracia federal que ferem frontalmente sua autonomia. O princípio de autonomia consagrado no art. 207 da Constituição Federal é condição essencial para que as Instituições Federais de Ensino Superior possam exercer plenamente seu papel estratégico para o desenvolvimento nacional. Inadmissível, portanto, é a adoção, por parte do governo, de medidas que afrontam o texto constitucional, ao absorver, por exemplo, as Procuradorias Jurídicas das IFES à recém-criada Procuradoria Geral Federal, inviabilizando o funcionamento dessas instituições. Nesse sentido, é fundamental que os órgãos jurídicos das IFES permaneçam instalados em seu âmbito.

Estamos cientes de que a consolidação da instituição universitária é inseparável de um projeto político nacional e, por isto, temos, no sistema universitário público federal, ferramenta decisiva de crescimento econômico e social. A rede das Universidades Públicas é um patrimônio longa e duramente construído. Abriga, como demonstram inúmeros estudos, a maior parte da pesquisa e da ciência e da tecnologia no Brasil, sedia os programas mais qualificados de pós-graduação e é referência indiscutível nas mais diversas áreas da graduação. É também essa rede que propicia crescente e indispensável inserção internacional da comunidade científica brasileira. O descuido ante política corajosa para o ensino superior público, em Era já corriqueiramente denominada de sociedade do conhecimento, nos condenaria, como nação, a atraso e dependência crescentes, com incalculáveis perdas sociais. A distância que nos separa dos países científica e tecnologicamente avançados não se reduzirá sem um maciço investimento em recursos humanos e infra-estrutura e na atenção à inovação e à transferência de tecnologia, articulada com o setor produtivo nacional.

A Universidade Pública é uma instituição do Estado comprometida diretamente com os destinos da Nação. Nessa condição, ocupa espaço singular e insubstituível pela contribuição que pode oferecer na definição e na execução de políticas governamentais voltadas para a superação dos focos de subdesenvolvimento, associando-se a outras instâncias do Poder Executivo e da sociedade civil na tarefa comum da promoção humana em nosso país. Às autoridades constituídas compete assumir suas responsabilidades na busca de soluções necessárias e urgentes para preservação e fortalecimento desse invejável patrimônio nacional, único em toda a América Latina, representado por 55 instituições federais de ensino superior e uma rede de 44 hospitais universitários. O conjunto do sistema compreende, em sua diversidade e na distribuição espacial, uma rede ímpar, cuja capilaridade reforça o caráter federativo de nosso país e serve como um dos esteios para a realização dos objetivos de uma cidadania plena.

A importância da promoção do sistema federal público de ensino torna-se ainda mais evidente diante da globalização que marca o nosso tempo e que é exemplificada pela recente decisão da Organização Mundial do Comércio de incluir a educação – em particular, a educação superior – como um dos 12 setores de serviços capitulados no GATS (Acordo Geral sobre o Comércio de Serviços). Se obtido o consentimento do Governo brasileiro para o atendimento a essa demanda, estaríamos às voltas com um amplo programa de privatização e internacionalização predatória do ensino superior em nosso País. Passariam a valer para a educação as mesmas normas atinentes aos demais serviços. De imediato, estaria transferida para os interesses comerciais mais vorazes a gestão da educação, afastando o Estado de uma de suas responsabilidades constitucionais. A soberania das nações na condução de suas políticas educacionais, condição imprescindível para a consolidação e a garantia de sociedades menos desiguais e mais desenvolvidas, cederia lugar a um

Mercado voltado exclusivamente para o lucro. Entendemos que uma posição firme e consistente, atenta aos interesses nacionais, deve nortear a posição dos órgãos do Estado brasileiro nas negociações junto à OMC.

Diante de tudo isso, acreditamos ser inadiável o estabelecimento de uma Política Nacional de Educação Superior norteada pelas medidas e pelos valores que se seguem:

1. Compromisso permanente do Estado com o sistema público de educação superior;
2. Garantia de autonomia responsável e efetiva do sistema, abrangendo o conjunto das IFES e respeitando sua diversidade;
3. Estabelecimento de modelo de financiamento estável e apropriado à natureza das IFES e dos hospitais universitários;
4. Desenvolvimento de programas de apoio ao uso de novas tecnologias de informação e comunicação em ensino;
5. Incentivo continuado e consistente aos programas de consolidação do desenvolvimento científico e tecnológico do País, ampliando o acesso aos Fundos Setoriais de Pesquisa com a finalidade de fortalecer a base científica nacional, minimizando as desigualdades regionais;
6. Criação de rede de recursos científicos, tecnológicos e culturais, apta a beneficiar a sociedade como um todo;
7. Extensão do acesso ao ensino superior público, gratuito e de qualidade a amplas camadas da população, reduzindo, assim, a enorme excludência representada pelo percentual extremamente baixo dos jovens de 18 a 24 anos que chegam à Universidade;

8. Criação de instrumentos adequados de assistência ao estudante, como forma de garantir a equalização de oportunidades;
9. Financiamento de programas especiais, junto à Universidade pública, voltados à melhoria do sistema público de educação básica e profissional;
10. Estabelecimento de condições que incentivem a interação da Universidade com as demais instituições sociais.

Os princípios e as medidas acima indicados decorrem da percepção de que o desenvolvimento do conhecimento nas diversas áreas, da ciência à cultura, da tecnologia às artes, tarefa à qual as Universidades Públicas brasileiras se vêm dedicando, é componente decisivo e insubstituível do delineamento de uma nação autônoma, desenvolvida, justa e solidária. De um lado, desobrigando-se de cuidado contínuo e pronunciado para com a Educação, o Governo estaria reduzindo em muito e mesmo interrompendo as condições do desenvolvimento que buscamos atingir. Por outro lado, as IFES estão conscientes de suas responsabilidades junto à Nação, certas de que todo esforço de conhecimento deve desembocar, em última instância, na construção de uma sociedade mais democrática e mais humana. São esses os valores com os quais nos dispomos a um diálogo responsável e permanente.

Proposições da ABMES

Introdução

As proposições formuladas pela Associação Brasileira de Mantenedoras de Ensino Superior – ABMES referenciam-se nas reflexões feitas, nas discussões realizadas e nas recomendações nascidas durante os seminários do Ciclo de Debates sobre Políticas Públicas de Educação Superior, ocorridos em abril e junho de 2002. Buscam, ainda, explicitar os pontos considerados fundamentais pelos mantenedores do setor privado para a definição de uma agenda de políticas públicas para a educação superior.

Testemunhou-se, nos últimos oito anos, a expansão do ensino em todos os níveis e graus, bem como os esforços realizados para a promoção da avaliação da qualidade do ensino e para o aprimoramento do sistema de coleta e tratamento das estatísticas educacionais.

Em que pese os avanços alcançados, o setor particular de ensino suportou o desconforto da instabilidade decorrente da frenética produção normativa, motivada talvez pelas pretensões de interpretar e detalhar as disposições da Lei de Diretrizes e Bases da Educação Nacional. Tal situação impõe agora especial empenho no sentido de consolidar, com acuidade e clareza, as

---

ABMES – Associação Brasileira de Mantenedoras de Ensino Superior. Originalmente publicado em: *Políticas públicas de educação superior: desafios e proposições*. ABMES/FUNADESP: Brasília, 2002. Capítulo 5, p. 489–512.

normas vigentes, respeitando-se os princípios constitucionais e atendendo aos requerimentos de harmonização jurídica para que ambigüidades e contradições não se interponham aos objetivos e aos preceitos da lei ordinária.

Neste contexto, várias questões têm suscitado preocupações junto aos mantenedores das instituições de ensino superior particulares. Entre outras, sublinham-se algumas contidas nos termos autonomia, dicotomia, "antropofagia"/"eutanásia" e fomento.

A autonomia permanece na ordem do dia. Há de fruir do pensamento colegiado da Academia e dos idealizadores das instituições universitárias, como resultado da configuração da real identidade das Instituições de Ensino Superior, na busca da permanente vivência institucional. Autonomia e identidade são expressões que se associam e que exigem sistemática auto-avaliação para corrigir rumos, fazer ajustes e fortalecer os acertos. Não pode haver meia autonomia nem a autonomia pode ser interpretada como soberania.

Concomitantemente, a liberdade de iniciativa das instituições universitárias constitui princípio integralmente defendido pelos mantenedores das Instituições de Ensino Superior. Entendem, por esta razão, que o Plano de Desenvolvimento Institucional (PDI), expressão da identidade da instituição educacional, seja ela portadora ou não da prerrogativa da autonomia universitária, deva explicitar, sem as uniformizações da burocracia governamental, seus parâmetros de crescimento quantitativo e de desenvolvimento qualitativo.

A dicotomia vigente entre o público e o privado precisa de ser urgentemente extirpada dos escaninhos mais profundos de nossas mentes e dos nossos corações. Esta nefasta dicotomia impede, não raro, as necessárias parcerias para o desenvolvimento qualitativo do ensino superior. O Governo, na sua condição de mantenedor maior do ensino superior público, tem contribuído de algum modo para reforçar essa dicotomia, na maioria das vezes fundada em ultrapassados preconceitos.

A "antropofagia" manifesta-se nos grandes centros do País, especialmente entre instituições do setor particular, marcada pela concorrência predatória alimentada por motivações de concentração e de grandeza. Esquece-se, muitas vezes, que a qualidade e a imagem da marca são conquistas mais importantes que a dimensão física e patrimonial das instituições. A grandiosidade das instituições universitárias, públicas ou particulares, há de ser medida pelo contributo à construção do saber humano e pelo reconhecimento fundado na ética e na competência. Na educação, não cabe trocar a lógica do conhecimento e da pedagogia pela lógica do Mercado, marcada pelo predomínio da guerra de preços, de espaços e do *marketing* comercial. A "antropofagia" também se revela quando se sacrificam os tempos de estudos, quer minimizados para a outorga acelerada de credenciais, quer atropelados por paralisações, ainda que desencadeadas por justas razões, mas que implicam incomensuráveis danos aos educandos, aviltando o processo pedagógico ou quase resultando em verdadeira eutanásia educacional.

O fomento é instrumento indispensável para a promoção e a manutenção dos esforços destinados à melhoria da qualidade do ensino superior. Tem-se de encontrar mecanismos apropriados para além do que já foi criado nos últimos anos, com destaque para os Fundos Setoriais recém-instituídos. Todavia, por privilegiar o mérito e a competência, tais mecanismos não deveriam alijar instituições simplesmente em função da natureza jurídica. Os processos de avaliação que têm sido promovidos, sem negar sua importância e pertinência, são freqüentemente marcados pelo espírito de ameaça, em lugar do fortalecimento do espírito cooperativo e fomentador de maior qualidade das instituições.

Os mantenedores das instituições particulares associadas à ABMES reafirmam o posicionamento favorável à expansão quantitativa do ensino superior e ao aperfeiçoamento dos mecanismos de auto-avaliação e de avaliação externa, marcos dos tempos mais recentes. A democratização do ensino superior é uma exigência da sociedade. Convém considerar, todavia, que o vetor das lutas em torno dessa aspiração se inverteu. Faz menos de três décadas, assistia-se à guerra dos "excedentes". Vultosa demanda de candidatos esbarrava-se nas limitações de vagas para acesso ao ensino superior. Na virada do milênio, começa-se a assistir não a um crescimento da demanda reprimida pela falta de vagas, mas a uma caça aos candidatos ao ensino superior. É evidente, pois, que o cursor da busca se inverteu e não será por mera imposição legal que se fará galgar ao patamar universitário um contingente de jovens não suficientemente preparados. Neste sentido, torna-se necessário criar, no ensino de graduação, programas de nivelamento para estudantes que apresentem deficiências de uma educação básica e média de qualidade discutível. Quanto aos desafios da expansão, cumpre advertir que não será possível alcançar as metas previstas no Plano Nacional de Educação sem o concurso, em bases sólidas, do ensino à distância. A avaliação de qualidade, como determina a Constituição Brasileira, é merecedora do apoio dos mantenedores do setor particular de ensino. Convém, entretanto, pleitear formas plurais de avaliação, uma vez que o Governo não é a única instância com autoridade e competência para tanto. Outra medida considerada muito urgente é a responsabilização dos concluintes quanto aos resultados do Exame Nacional de Cursos. Seus históricos escolares não podem silenciar sobre o desempenho que alcançaram nesta "prova de Estado". Por outro lado, é também necessário premiar as escolas e Universidades que alcançaram patamares excepcionais no Exame Nacional de Cursos e, ao mesmo tempo, apontar caminhos de recuperação e apoio para as instituições que tenham apresentado resultados menos favoráveis. Afinal, o objetivo da avaliação não é a punição, mas a elevação de qualidade.

Os mantenedores apontam a urgente necessidade de adequação dos programas de pós-graduação para que não se restrinjam ao âmbito meramente acadêmico, mas avancem na profissionalização de docentes para a sala de aula e na profissionalização de gestores educacionais de terceiro grau, vencendo os pensares encastelados em corporativismos decadentes. No plano da configuração acadêmica das instituições, consideram que é chegada a hora de se rever o conceito de indissociabilidade entre ensino, pesquisa e extensão. Há e deve haver Universidades de pesquisa e Universidades de ensino com identidades próprias e missões bem definidas, sem resultar em demérito para quaisquer delas.

O modelo de financiamento do estudante constitui-se, certamente, no maior desafio para o desenvolvimento da educação superior brasileira, nos próximos anos. Menos de 15% dos pleitos, que somam mais de duzentos mil anualmente, são atendidos pelo FIES, dada a enorme indisponibilidade de recursos. O que agrava este quadro é a constatação de que não basta a gratuidade para o jovem carente. Imagine-se, então, como é dramático para este estudante ter de contribuir com mensalidades escolares. Até hoje nao se encontrou uma fórmula satisfatória para o equacionar este problema, transparecendo que o Governo mostra-se surdo aos anseios de nossa população de jovens menos aquinhoados.

Educadores, políticos, economistas e profissionais de orçamentos precisam de dar as mãos para encontrar solução definitiva para tal obstáculo que torna a Universidade proibitiva para quase metade dos egressos de ensino médio. Ademais, a sociedade brasileira ainda não foi criativa o suficiente para desenvolver programas de emprego e renda para os jovens universitários, de sorte a minimizar os efeitos decorrentes das carências financeiras.

Os mantenedores de ensino superior dispõem-se a colaborar na identificação e na adoção de formas que possibilitem contemplar mais amplamente o financiamento dos estudantes. Uma delas seria a concessão de "carta de crédito" antes do ingresso na Universidade. O estudante poderia escolher o curso e a instituição. Na condição de aluno atingido por um revés financeiro, poderia pleitear a continuidade de seus estudos. Enfim, há também que se tornar mais equânime os procedimentos tributários, de modo que os mais necessitados não sejam prejudicados em seus direitos à educação.

Os mantenedores das instituições associadas à ABMES esperam que as proposições aqui expressas sejam apreciadas e úteis aos planos dos candidatos que estão freqüentando os páreos eleitorais. Na caminhada eleitoral é muito comum defrontarem-se os participantes com soluções para todos os males nacionais, verdadeira panacéia. Todavia, no topo do poder, com certeza, encontrarão óbices para tornarem realidade suas promessas de campanha.

Princípios e recomendações gerais

- Partindo dos princípios constitucionais, sobressai, como o primeiro de todos, o princípio da liberdade de ensino, que deve ser respeitado em qualquer hipótese, porque a liberdade de ensino é apenas conseqüência de uma liberdade maior, a liberdade de pensamento e de transmissão do pensamento, consideradas cláusulas pétreas da Constituição. Sendo o ensino o ponto fundamental da transmissão de pensamento, o princípio da liberdade é inquestionável.

- A Constituição define ainda como princípios fundamentais que a educação é um direito de todos e que as Universidades gozam da prerrogativa da autonomia financeira, administrativa e pedagógica. A liberdade de ensino, o direito à educação e a autonomia universitária, postos sob o pano de fundo da igualdade de oportunidades para todos, constituem o referencial maior para qualquer proposta de políticas públicas para o ensino superior.
- As Universidades devem buscar, com vigor, a afirmação da autonomia e o exercício da liberdade acadêmica pelo diálogo intenso, amplo, contínuo e crítico em torno de um esforço de cooperação, baseado na solidariedade, no tratamento igualitário a todas as pessoas e no respeito aos valores humanos culturais e cívicos.
- As Universidades de ensino e pesquisa são indispensáveis para o desenvolvimento científico, tecnológico, econômico e social do país e precisam de contar com recursos públicos, mormente para o desenvolvimento da pesquisa com qualidade e dignidade acadêmica. Porém, é preciso reconhecer que o ensino de qualidade associado à pesquisa é caro demais. Não pode ser praticado com recursos oriundos de mensalidades escolares, nem apenas com recursos públicos que são finitos. Esta é a razão porque o modelo único de ensino superior, que contempla apenas a Universidade de pesquisa, é intrinsecamente elitista e iníquo.

- É praticamente impossível manter instituições de ensino superior de boa qualidade que não sejam capazes de familiarizar seus alunos com a prática da investigação científica e da reflexão acadêmica, mesmo que essa prática não seja sustentada pela capacidade institucionalizada de promoção da pesquisa básica ou tecnológica de ponta. Tal capacidade requer elevados investimentos para manter dispendiosa infra-estrutura e quadro docente altamente qualificado e em tempo integral de dedicação acadêmica.
- Um dos maiores desafios do processo educativo e, conseqüentemente, uma das grandes responsabilidades que recai sobre as IES é a de proporcionar aos jovens uma educação para a vida. Tal requerimento não pode deixar de ser encarado no contexto das políticas de educação superior que precisam de ser efetivamente implantadas, envolvendo os diferentes objetivos legais desse nível de ensino. Em especial porque, no mundo de hoje, muitas profissões tornaram-se inviáveis, desnecessárias, ou superadas. É necessário, pois, pensar a formação a ser oferecida ao jovem estudante para que ele seja capaz de enfrentar esse mundo de instabilidade e de acelerada obsolescência dos conteúdos e práticas profissionais. O essencial, portanto, é a formação, é saber lidar com a informação; é assegurar uma formação bem alicerçada. Daí a importância de se estabelecerem diretrizes curriculares flexíveis, em que as competências e as habilidades não são limitem à aquisição de conhecimentos e treinamentos de trabalho.
- As Instituições de Ensino Superior devem ser eficientes, não apenas na formação profissional de indivíduos, mas também na compreensão e na busca de soluções para as

questões coletivas. É necessário estabelecer uma política de estímulo ao estreitamento dos laços entre a pós-graduação, a pesquisa e a sociedade. Há que se promover uma mudança de mentalidade na comunidade acadêmica, de modo que os pesquisadores compreendam que seus trabalhos só ganham sentido se compartilhados com o restante da população. Nesta perspectiva, é cada vez mais necessária a multidisciplinaridade na promoção da pesquisa, por mais incipiente que seja.

- A articulação do sistema de ensino superior com os governos estaduais e municipais deve ser fomentada, visando à implementação de programas e projetos educacionais, culturais e técnico-científicos integrados, visando a contribuir para o desenvolvimento sustentável do País, em suas dimensões locais e regionais.
- A superação da dicotomia entre o setore público e o privado, no sentido ideológico, precisa de ser alcançada. A melhor via para isto seria criar parcerias, de tal forma que um setor auxilie o outro, em mão dupla. A obtenção de um desenvolvimento harmônico, integrado e com qualidade de todo o sistema contribuirá para que as instituições públicas e privadas, universitárias e não-universitárias, possam buscar novos nichos e encontrar modelos educacionais adequados ao avanço do conhecimento e às necessidades da sociedade.
- O compromisso com a educação superior pressupõe repensar as instituições desse nível de ensino, para que elas se afirmem como *locus* por excelência das idéias, de valorização da produção acadêmica, da competência técnica e da liderança dos responsáveis pelas atividades de gestão. Tais condições são essenciais para a oferta de

ensino de graduação e pós-graduação de qualidade, articulado à pesquisa e à extensão, garantindo-se formação sólida aos alunos.

- De forma complementar ao Plano Nacional de Educação – PNE, é recomendável a construção de um instrumento de política de Estado para a educação superior, não apenas para as ações de governo, mas também para a sociedade como um todo. Neste instrumento, deveriam ser definidas, claramente, as diretrizes fundamentais relacionadas à autonomia universitária, ao financiamento, à expansão e à democratização do ensino, bem como aclaradas e estreitadas as relações entre o sistema público e o privado; entre as esferas do governo – federal, estadual e municipal; entre a área de ciência e tecnologia; entre a academia, os sistemas produtivos e entre os serviços públicos e os setores empresariais.
- Nas últimas décadas, a educação superior não chegou a ser uma prioridade na área educacional. A prioridade foi o ensino fundamental, o que merece todo o aplauso. Mas é fundamental que a política educacional, no próximo governo, seja pensada em seu conjunto, de forma a articular não apenas todos os níveis, como também os diversos setores: o sistema público, o sistema privado, a educação formal e informal, a presencial e educação à distância, a esfera federal, a estadual e a municipal.
- A educação superior é a base da formação para o magistério, condição indispensável para que padrões de qualidade de ensino possam ser generalizados no nível fundamental, no médio e no superior. As IES devem ser mobilizadas para equacionar, definitivamente, o dramático *deficit* de professores para o ensino básico. Hoje, estão disponíveis

tecnologias e metodologias que permitem formar, à distância, contingentes qualificados de professores para o ensino fundamental e médio e superior.

- Na esteira das prioridades apontadas, sublinham-se ainda: a necessidade de se assegurar maior articulação entre o ensino superior e o mundo profissional; a importância estratégica do desenvolvimento de uma rede de pesquisa multidisciplinar envolvendo, por exemplo, questões prioritárias do desenvolvimento urbano (poluição, transportes, saúde, violência, demografia) e outros temas de fronteira como as novas tecnologias da informação; a promoção da educação à distância; o uso de novas tecnologias de ensino.

Legislação, Autonomia e Regulação

- Autonomia e controle são palavras-chave do processo regulatório que a Constituição Federal atribui à União. Tal processo precisa de estar assentado em fundamentos sólidos e estáveis, para que não fique ao sabor da vontade dos ocupantes transitórios do poder, ou seja, implementado, coercitiva e desmesuradamente, por meio de decretos, resoluções e portarias do Ministério da Educação e outros mecanismos, sem clara medida do controle que cabe ser exercido pelo Estado sobre as Instituições de Ensino Superior.
- Os princípios gerais de descentralização, autonomia e federalismo cooperativo precisam de ser restabelecidos. A não-explicitação de competências às unidades da Federação, na condução dos sistemas de ensino, tem

acentuado a inércia legislativa dos estados e ampliado a intervenção da União na regulação do ensino superior.

- Os instrumentos e os mecanismos norteadores e reguladores da educação superior devem ser ajustados e consolidados, visando a assegurar a consistência e a estabilidade ao sistema normativo. Embora o arcabouço legal (Lei de Diretrizes e Bases) esteja fundado nos eixos da descentralização, da autonomia e da liberdade de processos concedidos às instituições de ensino, as medidas subseqüentes têm atuado em sentido contrário, reforçando o centralismo, a função credenciadora e a tradicional postura intervencionista do Estado. Apesar dos princípios de liberdade, as IES são constantemente manietadas por decretos, portarias e normas que tolhem suas atividades ou impõem critérios e padrões que não contemplam as diversidades regionais e institucionais.
- Na consolidação da legislação educacional, é também necessário rever a LDB no que respeita ao artigo 46 para conceder tratamento similar entre o ensino superior oferecido pela iniciativa privada e pelo poder público. A voracidade da produção normativa gerou ambigüidades, contradições e quebra da hierarquia das leis, tornando as normas regulamentadoras um instrumento de ameaça, especialmente em relação ao ensino particular. Esta revisão é necessária para se garantir a indispensável estabilidade para o sistema de ensino superior.
- A renovação do ensino universitário brasileiro tem como requisito a reformulação do rígido sistema atual de controles burocráticos. A efetiva autonomia das Universidades, a ampliação da margem de liberdade das instituições não-universitárias e a permanente atualização dos currículos,

por parte das IES, tendo em vista as novas diretrizes curriculares, constituem-se medidas tão necessárias quanto urgentes, para que a educação superior seja capaz de enfrentar as rápidas transformações por que passa a sociedade brasileira.

Expansão, Financiamento e Eqüidade

- A elevação da taxa de escolarização superior da população brasileira – uma aspiração unânime de educadores, políticos e lideranças do País –, pressupõe assegurar o acesso a este nível de ensino para grande maioria (milhões) de jovens alunos da faixa etária dos 18 aos 24 anos, oriundos de estratos sociais econômica e educacionalmente desfavorecidos, forçados a estudar em cursos noturnos e a trabalhar enquanto estudam para suprir a renda familiar ou custear os próprios estudos. Observadas as tendências atuais, mais de 80% destes estudantes deverão buscar esta escolarização no setor privado de ensino – pois não se vislumbram condições para extraordinário crescimento da oferta de vagas pelas Universidades Públicas. Uma nova política de educação superior não se poderá furtar do cumprimento do dever do Estado no sentido de equacionar as limitações destes estudantes e de suas famílias para o financiamento dos estudos superiores, o que afetará suas condições de ingresso e permanência nos cursos e, ao mesmo tempo, a estabilidade econômica e financeira das Instituições de Ensino Superior. Indiscutivelmente, o modelo atual de financiamento do ensino superior é perverso e discriminatório, pois somente quem tem maior capital cultural ou financeiro tende a ser o mais beneficiado.

- Uma política de expansão do ensino superior que contemple a superação das desigualdades de acesso e dos desequilíbrios de oferta entre as diferentes regiões do País precisa de ser estabelecida. Esta linha não pode ser desconsiderada pelos responsáveis da política educacional, porquanto a ampliação do acesso ao ensino superior é uma necessidade que se impõe para o atendimento a um direito de todos os cidadãos. O grande desafio com que se defrontam as IES é como atender a esta demanda, se não forem resolvidos os problemas referentes à autonomia, à democratização e ao financiamento. Fazer da qualidade uma realidade é o ponto fulcral sobre o qual as autoridades da educação terão de se debruçar, com empenho, para acharem melhores soluções. Considera-se que tal expansão não deva conduzir à destruição do sistema instalado pela utilização de processos canibalísticos que destruam a livre concorrência, fundada na qualidade dos serviços educacionais;
- A preocupação com a necessidade de expansão do sistema de educação superior motivou que a LDB (Art. 44 e 45) abrisse a possibilidade de criação de outros tipos de instituições. A implantação de novas modalidades de IES deve ser encarada quando se pensa na formação de maior número de indivíduos em menor tempo, mantendo-se a qualidade. Dever-se-á, portanto, estimular a diversidade de cursos voltados basicamente para a capacitação profissional, em áreas não-convencionais.
- As instituições de ensino superior, pela responsabilidade que detêm na formação dos docentes, devem ser

mobilizadas para a superação dos desafios que se apresentam neste campo. A grande maioria dos professores brasileiros não está preparada, pedagogicamente, para lidar com alunos cuja origem sejam famílias mais pobres e que devem ser atendidos pela expansão do ensino. Além disso, é imprescindível que os professores estejam permanentemente atualizados sobre o conteúdo das matérias que ministram. Diante das transformações aceleradas, também nos diversos campos do conhecimento, é fundamental que sejam reciclados sempre. Daí a urgência de um programa de grande cobertura e impacto para proporcionar formação continuada de professores dos diversos níveis de ensino.

- Para que a expansão do ensino superior aconteça de forma mais ampla, necessária se faz a adoção do ensino à distância, guardada a qualidade da oferta e promovida sua permanente supervisão e avaliação. Redes e consórcios devem ser estimulados de maneira a que a colaboração no ensino à distância seja uma realidade.
- A oferta de cursos modulares com currículos adequados deve ser pensada e estimulada como mecanismo que possibilite superar as deficiências de aprendizagem dos níveis anteriores de ensino e como estratégia para contornar o problema da evasão dos estudantes que não possam fazer um investimento constante em educação.
- No que se refere ao financiamento, em amplo sentido, propõe-se que seja referenciado pela avaliação da qualidade das instituições de ensino. Neste sentido, o processo de avaliação tem de ser implementado, considerando o tipo de instituição e os objetivos apresentados no Plano de Desenvolvimento Institucional – PDI. O financiamento das

IES deverá também estar associado ao sistema de gestão. A gestão com autonomia é mais responsável, pois requer mecanismos administrativos e colegiados mais democráticos e competentes. Os recursos podem ser aplicados de forma mais eficiente, independentemente de sua origem, se públicos, privados ou de outras fontes.

- É fundamental que o Estado trate preferencialmente o financiamento da educação dos cidadãos (dos estudantes) do que das Instituições de Ensino Superior. Para tanto, é necessário criar alternativas para o financiamento do aluno, pela criação de mecanismos mais amplos que os oferecidos atualmente. Nesta linha sugerem-se:
  a) criar sistema pelo qual o candidato ao ensino superior possa, antes mesmo de seu ingresso acadêmico, obter o crédito do financiamento de seus estudos, de tal maneira que tenha condições de escolher o curso e a escola na qual deseja matricular-se. Tal alternativa não cerceará o acesso ao financiamento de alunos que, desejando obtê-lo, estejam em cursos ou escolas impedidas de participar em programas de crédito, em vista dos resultados do ENC;
  b) manter sistema de financiamento para os estudantes que, no percurso de seus estudos superiores, se vejam privados das condições financeiras para prosseguirem seus estudos. Neste caso, as IES poderiam colaborar, como partícipes do financiamento escolar;
  c) discutir e assegurar equanimidade do pagamento do ensino por quem possa pagar, associado a um sistema de crédito educativo que de fato funcione, para apoio às pessoas que não têm condições de pagar os estudos, mas têm condições intelectuais de desenvolver-se.

É importante vincular a manutenção desse financiamento e/ou de concessão de bolsas ao rendimento escolar dos estudantes;

d) ampliar o volume de recursos para o FIES de tal maneira que, nos próximos quatros anos, se atenda a um mínimo de 400 mil estudantes com estudos financiados, ainda que parcialmente. Isto requer reexame, revisão e a ampliação do FIES, mediante a criação de mecanismos de co-participação da sociedade (IES, empresas, organizações sociais), bem como de concessão de bolsas (bônus/*vauchers*) a estudantes de famílias carentes, atendidos os critérios de mérito e de desempenho educacional;

e) viabilizar a utilização do Fundo de Garantia por Tempo de Serviço – FGTS para custear os estudos superiores dos trabalhadores ou de seus dependentes. Esta proposta que, ressalte-se, já tem projeto em tramitação no Congresso Nacional, confere à educação a mesma prioridade dada à saúde e à habitação. É plenamente justificável pois constitui, também, função do FGTS contribuir para a educação do cidadão-trabalhador, proporcionando-lhe condições para o seu crescimento pessoal.

Avaliação, Gestão e Qualidade

- Os mecanismos de controle de qualidade implantados recentemente pelo governo federal, como o Provão e os requisitos de qualificação do corpo docente, se por um lado colocam em evidência o tema da qualidade, que é uma importante novidade, por outro desestimulam a diversidade e a busca de formas mais criativas de resposta à demanda crescente e cada vez mais complexa e diversificada por educação superior.

- Os processos de avaliação do ensino superior devem ser desenvolvidos de acordo com os requisitos de integração, de continuidade e, sobretudo, de adequação de funções no sentido de orientar o planejamento pedagógico e de promover a melhoria da qualidade, das atividades de docência, pesquisa e extensão e da gestão institucional, com ênfase nos critérios de relevância e pertinência.
- É fundamental que a avaliação seja um processo transparente, público e participativo e, não, simplesmente, um instrumento do Estado para direcionar unilateralmente a atividade educacional. O Governo Federal, em vez de executar todo o processo de avaliação, deve assumir postura mais indutiva e, não, meramente punitiva, estimulando outros setores da sociedade a também assumir essa responsabilidade.
- A avaliação não pode ser um processo padronizado nem pode conduzir a medidas de uniformização do ensino superior. É fundamental que os parâmetros e os procedimentos da atividade de avaliação levem em consideração as características e as finalidades das instituições (Universidades, centros universitários, faculdades integradas, institutos superiores, escolas superiores ou centros de educação tecnológica), bem como a história, o seu contexto regional, cultural e socioeconômico e, sobretudo, a missão, os objetivos e a identidade de cada IES, configurados no Projeto Institucional e

no Plano de Desenvolvimento Institucional – PDI, que também não devem ser aprisionados por modelos ou regras preestabelecidos pelas instâncias burocráticas.

- A avaliação de processos e a avaliação de resultados, referenciadas pelo Projeto Institucional e pelo Plano de Desenvolvimento Institucional, devem ser valorizadas, sobrepondo-se aos mecanismos cartoriais de controle. É esta a melhor maneira para se garantir a liberdade de ensino e de pesquisa, possibilitando às instituições agirem de acordo com as reais necessidades locais, respeitados o pluralismo de idéias e a diversidade de concepções pedagógicas, bem como observados os parâmetros de qualidade.
- É necessário dar cumprimento à meta do PNE no sentido de "instituir programas de fomento para que as instituições de educação superior constituam sistemas próprios e sempre que possível nacionalmente articulados, de avaliação institucional e de cursos, capazes de possibilitar a elevação dos padrões de qualidade do ensino, de extensão e, no caso das Universidades, também de pesquisa".
- É chegado o momento de responsabilizar os concluintes pelos escores obtidos no Exame Nacional de Cursos, fazendo inserir nos históricos escolares deles os resultados alcançados no Provão, bem como premiar as escolas com melhores desempenhos no Exame Nacional de Cursos.
- As Universidades precisam de ser administradas, pela complexidade organizacional que as envolve, com o uso de técnicas e instrumentos apropriados. Os entraves à melhoria da qualidade acadêmica apresentam-se tanto para as instituições do sistema público quanto para as instituições do sistema privado, sendo urgente uma revisão dos mecanismos estruturais de gestão.

- É importante fazer do PDI um instrumento de gestão e de exercício da autonomia, valorizando-se os esforços das instituições que o elaboram, não por exigência formal, mas como uma carta de navegação para a trajetória do desenvolvimento institucional, pela qual são estabelecidos e implementados seus objetivos e as suas metas para a melhoria da qualidade de ensino.
- O fortalecimento das atividades de cooperação interinstitucional, especialmente no âmbito regional, deve ser estimulado como importante mecanismo de complementariedade de atuação de realização de programas conjuntos em benefício da população e da melhoria do processo educativo.

Pós-graduação

- Requer-se a formulação de políticas claras e precisas de formação pós-graduada para atender às necessidades do País, acolhendo novas formas de capacitação de recursos humanos de alto nível, em vista das demandas diversificadas e das transformações que ocorrem no sistema educacional e na sociedade como um todo.
- É chegado o momento de rever a relação entre a graduação e a pós-graduação, de modo a garantir aos graduandos de inquestionável talento e grande dedicação o acesso direto ao doutorado.
- A atual estruturação da pós-graduação, academicamente padronizada e centrada na formação do pesquisador, põe em plano secundário a formação do profissional da docência, com ênfase na capacidade de ensinar e de

transmitir conhecimentos, inviabilizando-se, conseqüentemente, o próprio processo de melhoria de qualidade do sistema de ensino superior. A criação do mestrado em docência, uma reivindicação insistentemente pleiteada das instituições, precisa de ser concretizada.

- Impõe-se eliminar definitivamente o formato padronizado e homogêneo do modelo de pós-graduação vigente, de forma a superar dicotomizações como as existentes entre o *stricto sensu* e o *lato sensu*, entre mestrado acadêmico e mestrado profissional, entre o público e o privado. Entendida como a formação que sucede à graduação, a pós-graduação não pode, hoje, estar dissociada da perspectiva da educação continuada. Uma revisão corajosa da pós-graduação brasileira ensejará encontrar a verdadeira identidade do mestrado como formação pós-graduada de caráter terminal, não apenas para os profissionais que desejam dedicar-se ao ensino superior, mas incluindo a formação profissionalizante nos diversos campos de atuação profissional.
- A atual estruturação da pós-graduação academicamente padronizada e centrada na formação do pesquisador põe em plano secundário a formação profissional da docência, com ênfase na capacidade de ensinar e de transmitir conhecimentos, inviabilizando-se, conseqüentemente, o próprio processo de melhoria da qualidade do sistema de ensino superior. A criação do mestrado em docência, uma reivindicação insistentemente pleiteada pelas instituições, precisa ser concretizada.

Carta da ABED

São Paulo, 4 de setembro de 2002.

Ilmos. Srs.
Candidatos à Presidência da República Federativa do Brasil – Eleição 2002

Sr. Candidato,

A Associação Brasileira de Educação a Distância (ABED), sociedade científica que congrega todos os segmentos representativos da Educação a Distância no Brasil, promoveu, de 1 a 4 de setembro de 2002, o 9º Congresso Internacional da ABED. Na ocasião, realizou-se a 1ª Reunião do Comitê Permanente de Dirigentes de Educação a Distância do Brasil, cuja plenária recomenda que a Educação a Distância seja efetivamente contemplada como uma modalidade educacional em todos os níveis, formas e instituições, quer sejam públicas, quer sejam particulares. O objetivo é atingir o maior contingente possível de pessoas, democratizando o acesso à informação e ao conhecimento e ampliando, concomitantemente, a inclusão social daqueles segmentos da população até agora privados de oportunidades educacionais.

Os desafios da Educação brasileira, senhor candidato, são inúmeros. Para enfrentá-los, é indispensável implementar soluções criativas e inovadoras. A presente proposta visa a contribuir para o seu programa de governo na área da Educação, em que a Educação a Distância deve ocupar papel estratégico e central. Com esse objetivo, a Plenária do Comitê Permanente de Dirigentes de Educação a Distância, endossado pela Assembléia-Geral da ABED, encaminha a Vossa Senhoria as medidas fundamentais a serem implementadas para a disseminação da Educação a Distância em nosso País:

1. Ampliação dos programas educacionais que utilizam a Educação a Distância como modalidade de Educação.
2. Aumento das oportunidades de aprendizagem e a intensificação do uso dos meios de comunicação de massa (impressos, rádio, TV, computadores e satélites) na difusão e na ampliação da educação popular.
3. Apoio à implementação de políticas públicas para programas que usam a Educação a Distância.

Além das propostas acima relacionadas, outros temas foram apontados como essenciais para a agenda da Educação a Distância no Brasil:

Legislação

A legislação atual para a Educação a Distância é restritiva e patrimonialista. Para modificá-la, propõe-se:

- o respeito à Constituição, que assegura autonomia para as Universidades e para os sistemas educacionais (federal, estadual e municipal);
- a alteração nos critérios de autorização do funcionamento de programas e cursos;
- o acolhimento a um processo de auto-avaliação, respaldado em critérios de indiscutível padrão de excelência e de qualidade.

Custo

Constata-se a inobservância do cumprimento da Legislação Federal, que assegura tarifas diferenciadas para atividades de Educação a Distância. Com esse objetivo, propõe-se a imediata regulamentação junto ao Ministério das Comunicações, que possibilite a redução de custos e o acesso para milhões de usuários brasileiros.

Pesquisa

Constata-se a necessidade de exercitar a auto-crítica de grupos que elaboram e realizam pesquisas científicas em Educação a Distância. As experiências e práticas exigem aprofundamentos teóricos e instrumentos de validação do impacto dos resultados dos investimentos realizados nessa área. Propõe-se, nesse sentido:

- o incentivo a programas de formação de pesquisadores e de educadores na área de Educação a Distância e investimentos em pesquisa advindos dos fundos setoriais;
- a explícita política de fomento à área.

A ABED, por meio de seus Pólos Regionais, com presença em todo o território nacional, coloca-se à disposição de Vossa Senhoria para colaborar no desenvolvimento de ações que consolidem, por meio da Educação a Distância, uma sociedade mais justa em que haja o pleno exercício da cidadania.

Respeitosamente,

Fredric Litto
Presidente da ABED

Contribuição da ABRUEM

Considerações Iniciais

A Associação Brasileira dos Reitores das Universidades Públicas Estaduais e Municipais – ABRUEM, criada em 1991, é formada atualmente pelos dirigentes de 38 (trinta e oito) instituições públicas de ensino superior estaduais e municipais, distribuídas em 18 (dezoito) Estados do País.

Seus principais objetivos institucionais são: a) a promoção, a integração e a valorização das Universidades Públicas Estaduais e Municipais; b) a representação do conjunto de suas filiadas; c) a coordenação dos interesses comuns de seus membros; e d) o apoio às instituições em nível de órgãos públicos e privados.

No momento em que os Partidos Políticos, de forma isolada, ou com coligações partidárias, por seus candidatos à Presidência da República, apresentam e discutem com a Nação suas propostas de Programa de Governo, a ABRUEM espera contribuir para estas com sugestões que possam ser traduzidas em propostas que contemplem a Educação Superior, notadamente para o segmento das instituições estaduais e municipais.

Espera, pois, a ABRUEM, com esta atitude, contribuir não apenas para a construção das propostas de Programas de Governo

ABRUEM – Associação Brasileira de Reitores das Universidades Estaduais e Municipais dos candidatos à Presidência da República, mas, acima de tudo, para o fortalecimento do exercício da democracia e, por conseguinte, para a construção da cidadania plena.

Educação, Ciência e Tecnologia como Eixos do Desenvolvimento do Brasil

Os indicadores conjunturais deste início de Século XXI, tanto no plano internacional quanto no plano nacional – este muito em decorrência daquele –, apontam para a supremacia dos Estados Nacionais Democráticos em relação àqueles onde predomina o totalitarismo; reafirmam a Educação, com real importância para a Educação Superior como instrumento universal do desenvolvimento da humanidade; e ratificam a importância da Ciência e da Tecnologia, desde que disponíveis para todos, como fundamento da elevação dos padrões de qualidade de vida das populações.

O Estado Brasileiro, tanto no plano federal, quanto nos planos estaduais e municipais, como sabemos, historicamente, sempre foi claudicante com as questões educacionais da sua população. Decerto, não fossem as omissões do Estado Brasileiro no campo educacional, já teríamos alcançado, no presente, nível de desenvolvimento bem superior ao estágio atual.

Não se constitui equívoco afirmar que o Brasil não conseguiu construir, nos seus quinhentos anos de existência, Políticas Educacionais que respondessem às necessidades conjunturais. Mesmo agora, momento em que avanços quantitativos e qualitativos acontecem na Educação, não nos podemos referir à execução de uma Política Educacional Nacional.

Não podemos esperar que o desenvolvimento econômico do País e o desenvolvimento social da população alcancem níveis melhores – abstraindo-se as questões decorrentes das desigualdades regionais – do que os atualmente apresentados, sem que o padrão cultural e o educacional do conjunto da população sejam melhorados/elevados. Esta condição, regra universal, pode ser bem ilustrada com os exemplos de países como o Japão, a Coréia do Sul e até mesmo a China.

Se temos problemas a serem resolvidos no campo da Educação, envolvendo desde a universalização, especialmente no nível infantil e no fundamental, à avaliação e ao padrão de qualidade, desafios maiores temos também no campo da Ciência e da Tecnologia.

A produção científica brasileira, não obstante a existência de algumas ilhas de excelência, em escala mundial ainda é pouco significativa tanto em volume quanto em qualidade. As razões de tal quadro são de naturezas diversas, desde aquelas históricas, passando pelos investimentos, pelos recursos humanos e pela infra-estrutura.

A sociedade do conhecimento e da informação, designação em moda para caracterizar os países desenvolvidos e alguns países emergentes que alcançaram níveis relativos de desenvolvimento social, calcada nos seus Padrões Científicos e Tecnológicos Nacionais, fomentou nova modalidade de dependência dos países pobres, como é o caso da transferência do conhecimento e da tecnologia.

Condição indispensável para o Brasil se afirmar no cenário internacional, especialmente no plano econômico, é o desenvolvimento de uma base científica e tecnológica para o atendimento às demandas internas e externas.

As Instituições Estaduais e Municipais de Ensino no Conjunto da Educação Superior Brasileira

A demanda pelo Ensino Superior no Brasil ainda é bastante reprimida, o que pode ser constatado no vergonhoso indicador de que apenas 12% (doze por cento) da população brasileira na faixa etária de 18 a 24 anos encontra-se matriculada em curso superior – nos Estados Unidos esse índice chega aos 78% e na Bolívia a quase 30% –, quanto na relação candidato/vaga nos vestibulares e nas outras modalidades de seleção para o ingresso no Ensino Superior, verdadeiro funil que, quase sempre, filtra, por motivos óbvios, os jovens oriundos das camadas mais pobres da população, contribuindo para a manutenção das desigualdades sociais.

Do ponto de vista organizacional, os diplomas Jurídicos Legais estabeleceram duas modalidades de sistemas para a Educação Superior: o Sistema Federal, que engloba as instituições de ensino superior públicas federais, e as instituições privadas, comunitárias e confessionais, e os sistemas estaduais, englobando as instituições de ensino superior estaduais e municipais em cada Unidade da Federação.

As instituições privadas, como sabemos, desenvolvem a Educação sob o prisma da atividade comercial, em busca do lucro. Daí que suas áreas preferenciais de atuação são as capitais e as cidades grandes e médias dos Estados do Centro-Sul, além das capitais dos demais Estados, lugares onde parcela dos egressos do Ensino Médio, com condições de pagar pela Educação, garantem-lhe o funcionamento.

As instituições públicas federais, via de regra, localizam-se nas capitais dos Estados, não fazendo parte da sua estratégia de desenvolvimento, pelo que se vê, a extensão das suas atividades às cidades pólos de desenvolvimento dos respectivos Estados.

A grande maioria das instituições estaduais e municipais de ensino superior localiza-se no interior dos respectivos Estados, sediadas em centros de desenvolvimento, estendendo suas ações, quase sempre, às demais regiões dos Estados. Também, são essas instituições as que recebem os egressos das Escolas Públicas do Ensino Médio, possibilitando-lhes mesmo o acesso ao ensino superior, especialmente para aqueles cujo poder aquisitivo não lhes permite se deslocar para as capitais para freqüentar uma Universidade Federal.

A importância das Instituições Estaduais e Municipais de Ensino Superior – IEMES, no conjunto da Educação Superior do País, expressa-se nos seus indicadores, aferidos especialmente pelo Instituto Nacional de Estudos e Pesquisas Educacionais – INEP, conforme a sinopse estatística que abrange o período de 1980 a 2001.

A representatividade e o alto conceito no cenário nacional das IEMES são apresentados nas informações e nos quadros que se seguem:

a) pela maior taxa de variação positiva das matrículas públicas no Ensino Superior nos últimos anos;
b) pelo maior número de matrículas no ensino público, no setor de formação de docentes para o Ensino Básico;
c) pelo maior percentual de oferta do ensino público noturno, fundamental para o atendimento da população trabalhadora;
d) pela interiorização do ensino público no País, pois atendem, diretamente, quase cinco vezes mais, a municípios do interior, se comparadas com as Instituições Federais de Ensino Superior; e
e) por 86,5% dos cursos públicos ofertados no interior do País.

Quadro 1

Evolução da Matrícula no Brasil

Ano	Total	Federal	Estadual/Municipal	Privada
1980	1.377.286 (100 %)	316.715 (23,0 %)	175.517 (12,7 %)	885.054 (64,3 %)
1998	2.125.958 (100 %)	408.640 (19,2 %)	396.089 (18,6 %)	1.321.229 (62,2 %)
98/80	54,4 %	29,0 %	125,7 %	49,3 %

Fonte: MEC/INEP/SEEC

Quadro 2

Evolução do Número de Concluintes nas Instituições

Ano	Total	Federal	Estadual/Municipal	Privada
1980	226.423 (100 %)	44.353 (19,6 %)	36.595 (16,2 %)	145.475 (64,2 %)
1997	274.384 (100 %)	51.419 (18,8 %)	54.663 (19,9 %)	168.302 (61,3 %)
97/80	21,2 %	15,9 %	49,4 %	15,7 %

Fonte: MEC/INEP/SEEC

Quadro 3

Evolução das Inscrições no Vestibular nas Instituições

Ano	Total	Federal	Estadual/Municipal	Privada
1980	1.803.567 (100 %)	510.554 (28,3 %)	341.160 (18,9 %)	951.853 (52,8 %)
1998	2.858.016 (100 %)	857.281 (30,0 %)	734.002 (25,7 %)	1.266.733 (44,3 %)
98/80	58,5 %	67,9 %	115,1 %	33,1 %

Fonte: MEC/INEP/SEEC

Quadro 4

Evolução dos Ingressos pelo Vestibular nas Instituições

Ano	Total	Federal	Estadual/Municipal	Privada
1980	356.667 (100 %)	62.044 (17,4 %)	55.370 (15,5 %)	239.253 (67,1 %)
1998	651.353 (100 %)	89.160 (13,7 %)	107.205 (16,5 %)	454.988 (70,0 %)
98/80	82,6 %	43,7 %	93,6 %	90,2 %

Fonte: MEC/INEP/SEEC

Quadro 5
Relação Concluintes (A)/Ingressos (A-4) nas Universidades

Ano	Total	Federal	Estadual/Municipal	Privada
1983	65.7 %	70.1 %	62.5 %	60.3 %
1997	64.3 %	67.9 %	80.6 %	57.0 %

Fonte: MEC/INEP/SEEC

Quadro 6
Relação Alunos/Docentes nas Instituições

Ano	Total	Federal	Estadual/Municipal	Privada
1980	12.5	7.5	9.6	17.9
1998	12.9	9.0	10.4	16.2

Fonte: MEC/INEP/SEEC

Quadro 7
Total de matrículas em 1999

Total de matrículas em 1999	Setor Público		Setor Privado
	Univ. Federais	Univ. Estaduais /Municipais	Comunitárias Filantrópicas Outras
2.377.715	442.835	390.258	1.544.622
100%	35,1%		64,9%

Fonte: MEC/ INEP – Censo Ensino Superior –1999

Quadro 8
Cursos de Formação de Professores

Total	Setor Público			Setor Privado	
	Federal	Estadual	Municipal	Particular	Comunitário Filantrópico
4.276	938	1.103	163	866	1.206
	2.204			2.072	

Fonte: MEC/ INEP – Censo Ensino Superior –1999

Quadro 9
Matrículas nos Cursos de Formação de Professores

Total	Setor Público			Setor Privado	
	Federal	Estadual	Municipal	Particular	Comunitário Filantrópico
811.983	24%	28%		48%	
	195.010	191.342	31.404	163.132	231.095
	417.756			394.227	

Fonte: MEC/ INEP – Censo Ensino Superior –1999

Quadro 10
Matrículas Cursos Noturnos

Total	Setor Público		Setor Privado
	IFES	IEMES	Priv./Com./Filant.
1.326.523	94.820	202.560	1.028.980
	7%	15%	78%

Fonte: MEC/INEP – Censo Ensino Superior –1999

Quadro 11
Matrículas Públicas no Brasil

Natureza	Instituições			Universidades		
	Total	Diurno	Noturno	Total	Diurno	Noturno
Federais	442.562	347.742	94.983	421.353	337.260	84.093
Estaduais	302.380	162.145	140.235	264.938	150.867	114.071
Municipais	87.080	24.755	62.325	38.891	15.884	23.007

Fonte: MEC/INEP – Censo Ensino Superior –1999

Quadro 12
Matrículas Públicas no Nordeste

Natureza	Instituições			Universidades		
	Total	Diurno	Noturno	Total	Diurno	Noturno
Federais	136.630	109.167	27.463	131.095	107.503	23.592
Estaduais	95.291	46.009	49.282	92.300	45.019	47.281
Municipais	12.141	665	11.476	–	–	–

Fonte: MEC/INEP – Censo Ensino Superior –1999

Quadro 13
Matrículas Públicas no Sudeste

Natureza	Instituições			Universidades		
	Total	Diurno	Noturno	Total	Diurno	Noturno
Federais	133.762	107.011	26.914	123.086	100.381	22.705
Estaduais	120.334	78.050	42.284	108.782	71.743	37.039
Municipais	39.335	10.142	29.193	10.846	3.249	7.597

Fonte: MEC/ INEP – Censo Ensino Superior –1999

Quadro 14
Distribuição Geográfica das 192 Instituições Públicas no Brasil

Natureza	Instituições			Universidades		
	Total	Capital	Interior	Total	Capital	Interior
Federais	60	38	22	39	27	12
Estaduais	72	22	50	30	12	18
Municipais	60	–	60	3	–	3

Fonte: MEC/INEP – Censo Ensino Superior –1999

Quadro 15
Distribuição dos 3.494 Cursos Públicos no Brasil

Natureza	Instituições			Universidades		
	Total	Capital	Interior	Total	Capital	Interior
Federais	1.721	956	765	1.614	897	717
Estaduais	1.447	314	1.133	1.285	275	1.010
Municipais	326		326	146		146

Fonte: MEC/INEP – Censo Ensino Superior –1999

Consoante esses dados, vê-se que as IEMES estão progressivamente assumindo grande parte da responsabilidade pelo ensino superior público, constitucionalmente atribuída à União, especialmente no interior do País, já que as instituições federais atuam, predominantemente, nas capitais dos Estados.

No entanto, enfrentam enormes dificuldades para continuar desempenhando, com qualidade, seu papel de principal agente transformador das regiões onde atuam, não só pela redução de verbas públicas oriundas de Estados e Municípios, mas também pela absoluta falta de recursos federais.

Com a pretensão de ver reconhecida a participação e a importância das IEMES no desenvolvimento do ensino superior público nacional, a ABRUEM tem envidado esforços no sentido de sensibilizar a classe política e as autoridades administrativas estatais para a necessidade do apoio financeiro da União.

Propostas do conjunto das IEMES filiadas à ABRUEM para o Programa de Governo dos Candidatos à Presidência da República

As Universidades Estaduais e Municipais, por meio da ABRUEM, sua entidade representativa, apresentam a Vossa Senhoria, para apreciação, solicitando possam ser contempladas na proposta de Plano de Governo a ser submetida ao conjunto da população brasileira, nas eleições de outubro de 2002, as seguintes sugestões:

a) Afirmação e Expansão do Ensino Superior Público
   1. Garantia da gratuidade do Ensino Superior nas IES públicas estaduais e municipais, mediante fomento de recursos federais;

2. Expansão do Ensino Superior público no segmento das estaduais e municipais, para atendimento das demandas no interior dos Estados, com contrapartidas de recursos do Governo Federal;
3. Garantia da evolução do acesso ao Ensino Superior, da população na faixa etária entre 16 e 25 anos de idade;
4. Política de Educação à Distância no País, acompanhada de financiamento e competentes programas e regulamentação;
5. Desconcentração das Universidades no Centro-Sul, com incentivo à ampliação universitária no Norte, Nordeste e Centro-Oeste, principalmente no que se refere à Pós-Graduação.

b) Financiamento do Ensino Superior Público nas IEMES
   1. Instituição de dotação orçamentária específica para ações e programas das Universidades estaduais, uma vez que estas também integram o sistema de Universidades Públicas brasileiras, sendo hoje as responsáveis pelo crescimento do ensino público superior no País e pela interiorização do conhecimento em quase todo o território nacional, dado que as instituições federais atuam predominantemente nas capitais brasileiras;
   2. Garantia do financiamento das Universidades Públicas, alocando-se recursos federais para as IES estaduais e municipais;
   3. Retomada dos investimentos necessários para que se garantam os compromissos assumidos no Plano Nacional de Educação, tais como:

a) ampliação, até 2010, da oferta de ensino superior para, pelo menos, 30% (trinta por cento) da faixa etária dos 18 aos 24 anos, sendo a oferta pública (União e Estados), nunca menos que 40% (quarenta por cento);
b) triplicação, em dez anos, e duplicação, em cinco anos, dos recursos destinados a pesquisas científicas e tecnológicas;
c) criação de um fundo, com recursos originados nas dívidas dos Estados, para fomentar programas voltados para a modernização das IES estaduais e municipais.

c) Fomento à Pesquisa, à Pós-Graduação e à Iniciação Científica
   1. Lançamento de programas de financiamento (mediante editais) de pesquisa de demanda induzida e regionalizada, incluindo-se recursos para estabelecimento de infra-estrutura para pesquisa;
   2. Lançamento de programas de financiamento de pesquisa de demanda espontânea e universal, incluindo-se recursos para estabelecimento de infra-estrutura de pesquisa;
   3. Apoio a publicações, banco de dissertações e teses e participação de todas as instituições de pesquisa no Portal CAPES;
   4. Alocação de recursos para aumento do número de bolsas de Iniciação Científica, de Mestrado e Doutorado, e para capacitação e qualificação do corpo docente;
   5. Política de fomento à Ciência e à Tecnologia, com a democratização do acesso à produção científica do país e do exterior,
   6. Maior apoio à promoção de eventos científicos.

d) Financiamento de Programas de Avaliação
   1. Política de Avaliação da Educação Superior para as Universidades de perfil comunitário, estaduais, municipais e privadas;
   2. Financiamento dos Programas de Avaliação das IES estaduais, municipais e confessionais.

Na expectativa de que nossas propostas recebam de Vossa Senhoria a indispensável e honrosa consideração, colocamo-nos ao seu inteiro dispor para o oferecimento de outros subsídios porventura necessários.

Carta de São Paulo

Os participantes do 4º Congresso Nacional de Educação (CONED), realizado no período de 23 a 26 de abril de 2002, no Palácio de Convenções do Anhambi–SP, organizado pelo Fórum Nacional em Defesa da Escola Pública, trazem ao conhecimento do povo brasileiro seu posicionamento diante das graves questões da educação nacional, relembrando a importância de algumas de suas referências históricas e, principalmente, reafirmando e dignificando a luta de milhões de anônimos(as) trabalhadores(as), estudantes e famílias, bem como de movimentos sociais que defendem cotidianamente a escola pública brasileira.

A Educação é um direito de todos, afirmavam Anísio Teixeira e tantos outros educadores, mobilizando entidades e movimentos sociais para conquistá-la, o que só se viabiliza por meio de muita luta. O Fórum Nacional em Defesa da Escola Pública tem conclamado e organizado essa luta há mais de 15 anos.

Mais verbas para a educação pública, clamava Florestan Fernandes na metade do século passado, forjando uma das principais bandeiras de luta dos educadores. O Fórum Nacional em Defesa da Escola Pública tem convocado e articulado educadores e movimentos sociais na promoção dessa bandeira.

Carta de São Paulo – 4º Congresso Nacional de Educação – CONED – Fórum Nacional em Defesa da Escola Pública – 23 a 26 de abril de 2002

Educação para uma vida digna para todos, ensinava Paulo Freire, ao propor uma educação dialógica, séria e transformadora, porque política; alegre e rebelde, porque viva. Consciente dos *deficits* sociais e educacionais, da enorme concentração de renda e do crescimento da violência social no País, em que valores vitais são destruídos, o Fórum Nacional em Defesa da Escola Pública tem reafirmado esse ensinamento.

Uma outra educação é possível e necessária, formularam Milton Santos, Maurício Tragtemberg e tantos outros educadores, apontando caminhos, questionando rumos, indicando diferentes opções para a educação nacional. Em contraposição ao descaso e à insensatez governamental ante a barbárie social, o Fórum Nacional em Defesa da Escola Pública luta por uma outra educação. Dando continuidade às lutas de entidades, movimentos e educadores deste país, forja-se o grande tema do 4º CONED: Garantir direitos, verbas públicas e vida digna: uma outra educação é possível!

Os participantes do 4º CONED denunciam a gravidade da conjuntura internacional. Após o ataque ao *World Trade Center*, o governo dos EUA tenta manter a subordinação dos demais países à sua política hegemônica, conclamando-os ao "combate ao terrorismo internacional". Testa armas, utiliza alta tecnologia militar para esmagar o Afeganistão; avaliza a invasão das terras árabes e palestinas por Israel; auxilia o governo colombiano no combate aos seus adversários políticos; apóia ações golpistas na Venezuela; impõe, pelo FMI, duras sanções à Argentina; ignora todo o continente africano; tenta impingir a ALCA a toda a América Latina. Dessa forma, submete o mundo todo aos seus ditames, por meio do combate violento a qualquer ameaça à *Pax Americana*. Além disso, em vez da propalada "abertura de Mercados", opera com protecionismos arbitrários.

Tal conjuntura, no plano ideológico, busca tornar hegemônica a idéia de um modelo único de sociedade, justamente o do grande capital, que implica a construção de um "Estado Mínimo", organizado por meio de agências reguladoras, com gerenciamento empresarial das atividades clássicas e exclusivas de Estado, em vez de um sistema articulado, integrado e comprometido com as sociedades nacionais; no plano operacional, busca viabilizar uma pretensa globalização econômica e financeira, com "abertura das economias e criação de um Mercado internacional, sem fronteiras e auto-regulável". Há, todavia, intenso processo de resistência a essa conjuntura adversa. Há movimentos de contraposição em todos os cantos do Planeta: do povo argentino nas ruas às mobilizações antibélicas nos EUA e em outros países; dos Chiapas no sul do México à vitória da sociedade timorense. Além disso, as edições do Fórum Social Mundial (Porto Alegre, 2001 e 2002) e do Fórum Mundial de Educação (Porto Alegre, 2002) e as grandes mobilizações populares, no mundo todo, contra as determinações do G7, da OMC, do FMI e do BM (Seattle, Gênova, Davos) demonstram que novas relações podem e devem ser criadas.

No Brasil, também se constrói e se fortalece amplo processo de resistência que se expressa em inúmeras e significativas ações de movimentos sociais organizados e partidos políticos de esquerda. Está em curso a resistência organizada contra o desemprego e contra as tentativas de flexibilização, tanto da CLT como dos regimes jurídicos dos servidores públicos, que atacam garantias e direitos consagrados. Exemplos disso, no setor educacional público, foram as prolongadas greves de docentes e funcionários técnico-administrativos, com pleno apoio estudantil, em todo o País.

Em outro embate dessa resistência, conscientes de que, entre 1995 e 2000, os governos de FHC promoveram o salto da dívida pública de R$ 86 bilhões para R$ 698 bilhões, destinando cada vez mais recursos para o pagamento de juros e amortizações, inviabilizando assim o atendimento de direitos sociais, entre eles, a educação, os movimentos sociais realizaram plebiscito sobre a dívida interna e a externa, que apresentou a indicação como resultado contundente contra seu pagamento. Hoje, estão articulados na preparação de um plebiscito sobre a ALCA. Unido e organizado, o povo brasileiro resiste a um projeto de recolonização do País!

É incontestável que, desde a consolidação do *Plano Nacional de Educação: Proposta da Sociedade Brasileira* (9 de novembro de 1997), a distribuição de renda e outros indicadores sociais não melhoraram no País. Permanecem as desigualdades de oportunidades educacionais lá expostas, já que o País investe menos em educação do que deveria e poderia, em termos de percentual do PIB, que alcançou R$ 1,1 trilhões no ano de 2000.

O 4º CONED, realizado em um ano de eleições gerais, considerou, como um dos principais desafios dos educadores, usar essa ocasião privilegiada de discussão pública, tanto de projetos sociais, quanto da própria democracia representativa, para tornar mais presentes e socialmente respaldadas as suas aspirações, reivindicações e lutas. Aprendemos, arduamente e de longa data, que só sairemos vitoriosos se conseguirmos forjar outra conjuntura política.

O 4º CONED realizou-se em momento em que o Brasil se consolida como um laboratório para as reformas neoliberais implementadas na área da educação, por meio de diferentes instrumentos normativos que, no seu conjunto, constituem a política do governo FHC para a educação brasileira, tendo como centro a Lei de Diretrizes e Bases da Educação Brasileira (LDB), nº 9.394/96. Essa política reproduz e aprofunda o processo de exclusão da maioria da população brasileira, concebendo a educação como mercadoria e mero treinamento de força de trabalho, reforçando o individualismo, a competitividade e a produtividade, em busca de tornar hegemônicas as visões de mundo e de educação da cultura capitalista, tomadas como naturais. De acordo com essa concepção, todos(as) os(as) trabalhadores(as) tornar-se-ão meros(as) portadores(as) de habilidades e competências operacionais, suficientes para torná-los funcionais, alienados, descartáveis.

A essa concepção política de educação, o 4º CONED contrapõe a sua visão de educação, apresentada no *Plano Nacional de Educação – Proposta da Sociedade Brasileira*, e reafirma que a educação é direito fundamental, universal, inalienável e constitui um dever do Estado. Neste *Plano*, a educação é entendida como instrumento de formação ampla, de luta pelos direitos da cidadania e da emancipação social, preparando as pessoas e a sociedade para a responsabilidade de construir, coletivamente, um projeto de inclusão e de qualidade social para o País. Ao Estado cabe a responsabilidade de assegurar e a cada cidadão o direito de exigir educação de qualidade social, igualitária e justa. O Estado para isso deverá munir-se de órgãos e estratégias, eficientes e transparentes, para cumprir seu dever, atribuído pela própria Constituição Federal.

A qualidade social, conceito originário do *Plano Nacional de Educação – Proposta da Sociedade Brasileira*, implica prover educação com padrões de excelência e adequação aos interesses da maioria da população, tendo, como valores fundamentais, a solidariedade, a justiça, a honestidade, o conhecimento, a autonomia, a liberdade e a ampliação da cidadania. Como conseqüência, alcançaremos a inclusão social, por meio da qual todos os(as) brasileiros(as) tornar-se-ão aptos(as) ao questionamento, à problematização, à tomada de decisões, buscando as ações coletivas possíveis e necessárias ao encaminhamento dos problemas de cada um, da comunidade e da sociedade onde vivem e trabalham. A educação, nessa perspectiva, dirige-se ao ser humano integral, considerando todas as dimensões de sua relação com o mundo.

Ao encerrar-se o 4º Congresso Nacional de Educação, constatou-se, mais do que nunca, que dois projetos de educação e sociedade continuam em confronto, como bem evidenciaram as conferências e as mesas-redondas, os debates realizados nos grupos de trabalho e plenárias temáticas do 4º CONED, bem como significativo número de trabalhos ali apresentados por participantes de todo o Brasil.

Em sua dinâmica, evidenciou-se que, quanto à Organização da Educação Nacional para a realização de outra educação, torna-se necessária a existência de um *Sistema Nacional de Educação* (SNE) articulador, coordenador e integrador, de forma a superar a educação fragmentada, setorizada, justaposta e desarticulada e a exercer a função deliberativa, organizativa, de coordenação e de avaliação que lhe são próprias. Ainda, cumprir, conforme previsto na Constituição Federal, a real função redistributiva e a supletiva da União e dos Estados e estabelecer verdadeiro regime de colaboração entre União, Estados, Distrito Federal e Municípios que permita o atendimento do direito à educação gratuita e de qualidade em todas as esferas administrativas, com garantia das devidas condições. A existência de um Fórum Nacional de Educação (FNE) e de conselhos democráticos continua sendo exigida em todas as instâncias educacionais.

Quanto à Avaliação da Educação Nacional, defende-se a concepção que toma como ponto de partida as condições em que se encontram educadores e educandos, avaliação esta inserida em amplo processo orientado, também, por indicadores sociais.

Defende-se, acima de tudo, o respeito a princípios éticos, democráticos, de autonomia, de construção de conhecimentos, sem descuidar da eficiência, enfatizando a função diagnóstica e a formativa da avaliação. Como instrumento de gestão democrática, a avaliação deve sempre subsidiar os processos de tomada de decisão necessários à educação, em âmbito nacional, estadual, regional ou local. Para garantir o objetivo social dessa avaliação e de planejamento estratégico democrático, é indispensável a participação organizada de todos os envolvidos na educação.

Ao lado disso, enfatizou-se a necessidade de superar a concepção de avaliação individualista e focalizada, que privilegia princípios como produtividade e competitividade, por meio da aferição pontual de desempenhos, orientada apenas por indicadores técnicos e burocráticos, tal como tem ocorrido nas pseudo-avaliações que o governo adota (SAEB, ENEM, "Provão", GED, GID, entre outras) e cujos resultados têm sido utilizados para ranqueamento de instituições, maquiagem de estatísticas, estímulo à "competitividade", manipulação da opinião pública.

Quanto à Gestão Democrática da Educação Nacional, a concepção prevista no *Plano Nacional de Educação – Proposta da Sociedade Brasileira* tem como princípio fundamental a radicalização da democracia, que se consubstancia no caráter público e gratuito da educação, na inserção social, nas práticas participativas, na descentralização do poder, na socialização de conhecimentos, na tomada de decisões e na atitude democrática das pessoas em todos os espaços de intervenção organizada – condições essenciais para garantir a materialização legal do direito à educação de boa qualidade.

Assim, além de um princípio educacional amplo, a gestão democrática da educação torna-se uma das estratégias para superar o autoritarismo, o individualismo e as desigualdades sociais que têm caracterizado as diferentes ações e políticas governamentais e empresariais.

Quanto ao Financiamento da Educação Nacional, foram evidenciadas as necessidades de reafirmar-se que a educação pública de boa qualidade só é possível com amplo financiamento estatal e de denunciar as políticas governamentais, subordinadas à agiotagem do capital internacional por meio do pagamento de dívidas públicas, retirando recursos das políticas sociais com o objetivo de favorecer e estimular o setor privado. Paralelamente, desmitificar as políticas e desconstruir os discursos governistas que encobrem a redução das verbas para a educação, por não reconhecerem os *deficits* educacionais em todos os níveis e modalidades de ensino, assim como por não sanearem, por um lado, as aviltantes condições de trabalho e salário dos(as) trabalhadores(as) em exercício e, por outro, a falta de pessoal, materiais e equipamentos para o atendimento educacional no Brasil.

O *PNE: Proposta da Sociedade Brasileira* indica prioridades claras de investimento em educação pública, tendo como referência o custo-aluno/ano de cerca de 25% do PIB *per capita* na Educação Básica e 60% na Educação Superior, definindo uma aplicação progressiva até chegar a 10% do PIB. Somente quando superados os *deficits* históricos, o Brasil poderá investir próximo a patamares internacionais, garantindo atendimento equilibrado de educação de boa qualidade para toda a população.

Além disso, o *PNE da sociedade brasileira* mantém a defesa intransigente da vinculação constitucional de recursos públicos para a manutenção e o desenvolvimento do ensino em todos os níveis da administração pública. Nele está ressaltado que os programas de redistribuição de renda, de garantia de renda mínima e outras ações, que têm referência no conceito de gratuidade ativa (como programas de bolsa-escola ou outros tipos de bolsas, no ensino público), devem ser mantidos com recursos adicionais.

Contudo, o contra-senso governamental pode ser constatado na execução do próprio FUNDEF, pois, quando o presidente decreta valor–aluno/ano nacional bem abaixo dos previstos em lei por ele imposta, diminui a complementação da União aos fundos estaduais. De 1998 a 2002, a dívida alcança R$ 10 bilhões!

Sem exercer controle sobre a educação privada e sem fiscalizar seu funcionamento e seu padrão de qualidade, os governos favorecem a expansão do ensino particular. Ao lado disso, têm privatizado o Estado por meio de diferentes instrumentos e mecanismos: ampliam-se o número de fundações privadas no setor público, as terceirizações, a tentativa de introdução de taxas no ensino público, entre outros.

É necessário revelar ao País que a falta de transparência na prestação de contas dos recursos públicos pelos governos e a ausência de controle pela sociedade agravam as conseqüências dessa privatização. Acompanhar o destino das verbas públicas é tarefa à qual os educadores não podem mais se furtar, pois isso favorece o desvio de recursos e o sucateamento do setor educacional público.

Por isso, os movimentos sociais devem preocupar-se, cada vez mais, em interferir de forma organizada, a cada ano, nos processos de elaboração da Lei de Diretrizes Orçamentárias (LDO) e de definição da Lei Orçamentária (LO). Além disso, é preciso acompanhar permanentemente as ações desenvolvidas pelos Legislativos, pelo Ministério Público, pelos Tribunais de Contas, intervindo, de forma organizada, sempre que possível, e denunciando as iniciativas de governos – sejam eles quais forem – que não contemplam os interesses da sociedade.

Quanto aos Trabalhadores(as) da Educação Nacional, ao tratar dos *aspectos formativos*, considerou-se fundamental a garantia de que a formação inicial de docentes para a educação básica seja feita, de fato, em cursos de licenciatura plena, incluindo, quando apropriado, em cursos de Pedagogia, em contraposição às formas opcionais preconizadas pelo governo federal e pelos estaduais, regulamentadas em legislação complementar e coerentes com políticas de caráter privatizante (Universidades virtuais; cursos seqüenciais, cursos modulares, aligeirados, minimalistas, semipresenciais ou à distância, etc.). Para a educação superior, a garantia de continuidade de formação e titulação acadêmica torna-se imprescindível, sobretudo diante da condição estratégica que o desenvolvimento científico e tecnológico representa para o País e que se encontra ameaçada pelas políticas governamentais.

Evidenciou-se, ainda, a necessidade de maior distinção conceitual, incorporada aos programas formativos, entre *formação inicial* e *formação continuada* de docentes para a educação básica, dando fim à falácia e à propaganda enganosa de programas de formação inicial (pretensamente de graduação plena, mas na realidade inferior à do curso normal de nível médio), que são apresentados também como de formação continuada. Percebeu-se, também, que, além da educação básica, formal e regular, acessível a todos os que a ela têm direito e dela necessitem, há urgência de maior profissionalização dos(as) trabalhadores(as) que exercem funções outras que a docência, o que vem sendo cada vez mais dificultado e mesmo restringido.

Quanto aos *aspectos trabalhistas e previdenciários* relacionados aos(às) trabalhadores(as) em educação, evidenciou-se a necessidade de contraposição às políticas e às ações de governos e de empresários, geradoras da perda de direitos trabalhistas e previdenciários; de deterioração tanto salarial, como das condições de trabalho individual e coletivo; do crescimento da terceirização de serviços e a "celetização" das admissões, no setor público; da terceirização de serviços e da intensificação da precarização das condições de trabalho, no setor privado; e, nos dois setores, o freqüente desrespeito à legislação vigente, incluindo à Constituição Federal.

Debateu-se a criação de conselhos profissionais que não interessam à sociedade nem aos(às) trabalhadores(as) em educação, porque fragmentam e pulverizam categorias; reproduzem visão de profissão fundada nas antigas corporações de ofício; ferem a autonomia das instituições formadoras, introduzindo órgãos controladores e reguladores fora do Estado, que dariam o aval para o exercício profissional, entregando essa importante função nas mãos de grupos de interesses particulares. Em especial, torna-se inadiável aprofundar o debate sobre a regulamentação da profissão dos profissionais em educação e sustar, no Congresso Nacional, a tramitação de projetos de lei sobre a criação do Conselho Federal e dos Estaduais de Pedagogia.

Foi nesse contexto amplo de análises, posicionamentos, denúncias e contraposições que se realizou o 4º CONED. É fundamental que os segmentos que compõem o setor educacional no País estejam atentos e preparados para as investidas de cunho antipopular que governos, de diferentes matizes políticos, querem impingir à educação. Mais do que nunca, o *Plano Nacional de Educação – Proposta da Sociedade Brasileira* transforma-se em referência nacional de luta dos educadores.

Na busca de enfrentamento organizado das desigualdades educacionais e sociais do País, o 4º CONED indicou agenda política e plano de lutas aos trabalhadores e às trabalhadoras da educação, aos estudantes, às entidades e aos movimentos ali representados.

O 4º CONED recomenda que, neste ano de eleições gerais, os movimentos, as entidades e os(as) profissionais em educação procurem esclarecer-se, e esclarecer os segmentos da população a que têm acesso quanto ao exercício do voto consciente, pela análise do histórico político dos candidatos e de seus compromissos com as políticas sociais, em especial com a educação. É importante também a inclusão, nos programas de governo, de garantias de direitos dos(as) trabalhadores(as) em educação por meio de políticas públicas. De outra forma, onde for possível, buscar implementar os conteúdos do *PNE: Proposta da Sociedade Brasileira*, por meio da divulgação, do debate e do compromisso com candidatos.

O 4º CONED indica, ainda, subsídios para o aprofundamento de conteúdos, propostas e denúncias e, além disso, sugere instrumentos para cobrar compromissos de candidatos e para uma coleta inicial de dados e informações para a elaboração preliminar de Planos Estaduais de Educação (PEE) e Planos Municipais de Educação (PME).

Diante dessas considerações, à luz da contribuição de tantos, é fundamental articular os trabalhadores e as trabalhadoras em educação na perspectiva de engendrar nova relação de forças, recuperando a iniciativa de proposição de políticas públicas para superar os *deficits* sociais e educacionais de nosso país. Tal iniciativa honra e qualifica ainda mais a nossa força no trato com o conhecimento e com nossas posturas democráticas e transparentes. Nossa força é a nossa verdade, porque esta é fruto de valores que proporcionam vida digna a todos. Nosso conhecimento é o principal instrumento para a nossa luta cotidiana.

Nossa luta é a mesma de todos os que procuram construir outra ordem mundial e nacional, única forma de garantir **direitos, verbas públicas e vida digna: uma outra educação é possível!**

Agenda Política e Plano de Lutas (aprovados na Plenária de Encerramento do 4º CONED, realizada no dia 26 de abril de 2002)

Agenda Política

1. Construir e socializar o conhecimento crítico, refutando as formulações políticas teóricas e práticas dos setores dominantes que têm como referência o "pensamento único", pretensamente consensual e garantir acesso, permanência e êxito de todos, em todos os níveis e modalidades de ensino.
2. Defender a constituição do Fórum Nacional de Educação, como instância deliberativa máxima da política nacional de educação, com ampla representação dos setores sociais envolvidos na área educacional.
3. Fomentar a criação de fóruns estaduais e municipais em defesa da escola pública, onde esses não existem, e articular os já atuantes, para estimular discussões, envolvendo os movimentos sociais, populares e outros setores da sociedade, visando à elaboração coletiva e democrática dos Planos Estaduais de Educação (PEE) e Planos Municipais de Educação (PME), tomando como referência o *Plano Nacional de Educação – Proposta da Sociedade Brasileira*.
4. Garantir espaços para divulgação dos conteúdos políticos do *Plano Nacional de Educação – Proposta da Sociedade Brasileira* junto à imprensa das entidades nacionais, bem como procurar espaços na imprensa em âmbito nacional.
5. Intervir para que sejam realizadas audiências públicas representativas e transparentes, nos estados e nos

municípios, sobre os projetos de planos estaduais e municipais de educação (PEE e PME, respectivamente) e sobre os níveis e as modalidades de ensino.

6. Combater propostas e programas que comprometam a qualidade social e técnica da educação.
7. Criar mecanismos de acompanhamento, pela sociedade civil, dos gastos públicos com a educação, nas três esferas governamentais, com o auxílio de instituições especializadas na obtenção e na análise dos dados, exigindo o levantamento e a divulgação periódica de dados educacionais, censos escolares, censos demográficos, bem como das despesas totais e correntes com a educação.
8. Intervir em todos os espaços, revelando e denunciando as políticas governamentais para a educação, em geral, e as políticas compensatórias, em especial, que focalizam níveis de ensino em detrimento de outros e fragmentam o sistema nacional de educação, resultando no não-atendimento do direito social à educação de boa qualidade para todos.
9. Intervir junto com outras entidades e movimentos para acompanhar, nos Tribunais de Contas, a execução orçamentária das verbas vinculadas à educação, recorrendo ao Ministério Público quando constatada improbidade.
10. Acompanhar os processos orçamentários, junto às Câmaras Municipais, às Assembléias Legislativas e ao Congresso Nacional, notadamente os planos plurianuais (PPA), as leis de diretrizes orçamentárias (LDO) e as leis orçamentárias anuais (LOA).
11. Combater a desresponsabilização crescente do Estado pelo financiamento das políticas públicas.

12. Posicionar-se contra as pretensas políticas governamentais de avaliação que se consubstanciam nos instrumentos oficiais vigentes (Exame Nacional de Cursos – o "provão", Exame Nacional do Ensino Médio – ENEM, Sistema Nacional de Avaliação da Educação Básica – SAEB, entre outros).
13. Exigir a gestão democrática das instituições e dos sistemas educacionais, por meio de órgãos colegiados democráticos e tendo como horizonte a eleição de dirigentes, conforme o *Plano Nacional de Educação – Proposta da Sociedade Brasileira.*